감12 빌트인 가구
GARM ISSUE 12 BUILT-IN FURNITURE

초판 1쇄 인쇄 2019년 3월 14일
초판 4쇄 발행 2024년 7월 5일

발행인	윤재선
편집장	심영규
에디터	정경화, 정신오
디자인	스튜디오 베이스
사진	이수연
교정·교열	하명란, 구자영
발행처	에잇애플(주)
출판등록	2017. 4. 14.(제2017-000078호)
주소	06580 서울특별시 서초구 서래로6, B102
전화	02-537-1536
팩스	02-537-1532
전자우편	info@8apple.kr
홈페이지	garm.8apple.kr
SNS	garm_magazine
	garmssi
ISBN	979-11-89485-08-5
	979-11-89485-05-4(세트)

· 파본이나 잘못된 책은 구입처에서 바꾸어 드립니다.
· 이 책은 저작권법에 따라 보호받는 저작물이므로 무단전재와 무단복제를 금지하며, 이 책 내용의 일부 또는 전부를 이용하려면 반드시 사전에 저작권자와 출판권자의 서면 동의를 받아야 합니다.
· 책값은 뒤표지에 있습니다.

Printed in Seoul, South Korea
All rights reserved. No part of this publication may be reproduced, stored in a retrieval system, or transmitted in any form or by any means, electronic, mechanical, photocopying, recording, or otherwise, without prior consent of the publisher.

감씨는 에잇애플에서 발행하는 건축재료 단행본 시리즈의 브랜드입니다.

GARM

감 매거진
열두 번째 재료
빌트인 가구

BUILT-IN
FURNITURE

garmSSI

PROLOGUE
건축하는 부끄러움

잘못된 입시 교육과 무지한 대학의 교육과정에 얽혀 시작된 나의 건축 인생은 아직도 그 실타래를 풀지 못하고 있다. 아마 평생 풀지 못할 거란 생각이 지배적이다. 하지만 여전히 대부분의 일상은 건축과 함께한다. 여기서 나의 고백이 시작된다.

생각해보면 내 건축의 잘못된 시작은 원론적인 탐구와 깊이 있는 교육에는 무관심한 입시교육이 만들어 낸 산물이다. 건축이 뭔지 모르는 상태에서 전공과 직업으로 택한 것이 부끄러움의 시작이다. 해외 매체에서 접하던 르 코르뷔지에Le Corbusier, 알바 알토Alvar Aalto 그리고 알바로 시자Alvaro Siza 등 스타 건축가의 겉모습에 취해 이들을 동경하던 명예욕은 건축을 정면으로 겪으며 보내야 할 시간을 앗아간, 내 두 번째 부끄러움이다. 본질을 벗어난 내 일상은 헛바퀴 도는 듯했다. 건축을 하면 할수록 미궁에 빠져드는 모습에 그 부족함이 무엇인지 깨닫지 못하는 나 자신은 아직도 그 자리 그대로다. 여기서 세 번째 부끄러움을 느낀다.

멋에 치우쳐, 진정성 없이 만들어진 공간 곳곳에서 층층이 쌓인 내 부끄러움을 발견한다. 연구하여 만들고 재창조하는 태도 없이 설계하고 감리한 공간에는 무던함의 '나태', 모름의 '무지', 그리고 이 정도면 될 거라는 '적당'이 뒤섞여 있다. 본질을 유지하면서 시대에 유연하게 적응해 나가는 시대정신은 찾을 수 없다.

그렇다고 경제적으로 성공했는가? 직원들에게 급여를 지급할 때도, 외주 업체의 용역비를 깎을 때도 부끄러움이 피부병처럼 몸속 깊은 곳에서 스멀스멀 올라옴을 느낀다. 건축의 본질을 알려 하지 않았음에 얼굴이 뜨겁고, 또 지혜를 온전히 전해 줄 수 없음에 부끄럽다. '나는 왜 아직도 건축하고 있는가'란 스스로의 질문에 답하지 못하며 자존감마저 떨어져 그렇게 나는 어설픈 건축가가 되어 있었다.

건축의 본질과 공간을 만드는 것의 의미, 그리고 시간을 허비하지 않고 인생의 실수를 줄이는 방법에 대해 고민해본다. 나뿐만 아니라 건축을 하고자 하는 다른 이들에게 좋은 환경을 희망해본다. 건축의 본질을 볼 수 있고 건축의 행위를 통해 서로의 역량을 나눌 수 있고, 후배들을 양성하며 사회에 기여할 수 있는 생태계를 구상해본다. 수많은 분야로 나누어져 있는 건축 정보를 통합하여 시각이 다른 이들이 객관적인 과정을 통해 서로가 관계되어 있음을 알 수 있는 건축환경을 그려본다.

실무를 하며 실질적으로 필요했던 재료의 선택, 가공, 제작, 유통 등 부족함을 잡아줄 내용을 추려보고 독자에게 영감을 주고자 이 책을 기획했다. 경제적인 욕심과 근심에 눈이 가리곤 하지만, 다시 본질에 충실하고자 다짐한다. 이렇게 시작은 미비하지만 일단 시작했으므로 그다음이 있음을 기대한다. 내가 느끼는 부끄러움이 눈을 뜨이게 하는 원동력이 되기를 바라며 감 매거진의 새로운 시리즈를 선보인다.

—
2019년 3월
발행인 윤재선

EDITORIAL LETTER

급변하는 시대를 담는 가구의 최전선

우리가 생활하는 공간은 천장과 바닥, 벽의 요소로 이루어진다. 하지만 외부와 구분되는 실내 공간이 있다고 해서 생활이 완성되지는 않는다. 가구는 사람과 공간 사이에서 생활을 완성하는 일종의 '도구'다. 열두 번째 감 매거진은 가구 중에서도 공간의 일부로 고정되어 있으면서 건축에 좀 더 가까운 빌트인 가구를 다룬다.

'빌트인 가구' 하면 사람들은 흔히 아파트의 붙박이장이나 싱크대와 연결된 주방 가구를 떠올리지만, 전시장의 전시대, 서점의 책장, 옷가게의 진열장 등 생각 외로 유형이 다양하다. 좁은 면적을 효율적으로 쓰는 것이 중요해지면서 주거 공간의 빌트인 가구도 가방장, 책상, 의자 등으로 종류가 늘어난다. 인구 절벽과 저성장 경제에 돌입함에 따라 공유경제가 새로이 등장하고, 가구까지 갖춰진 집이나 사무실 등의 공간을 빌려 쓰는 문화가 자연스럽게 생겨났다. 공유 공간이 늘어나면서 빌트인 가구가 활약할 기회는 더 많아진다. 우리는 이렇듯 여러 모습으로 주변 가까이에 존재하고, 공간의 흐름에 맞춰 변화하는 빌트인 가구의 자취를 좇는다.

1장은 빌트인 가구에 대한 이해를 돕는 기본적인 이야기를 담고, 2장은 주거 공간의 빌트인 가구를 실의 기능에 따라 나누어 소개한다. 가장 세심하게 지면을 구성한 3장에서는 기술과 공간의 쓰임을 결정하는 용도, 분위기를 완성하는 디자인의 세 가지 키워드로 나눠 최근의 트렌드와 가능성을 살핀다.

책에서는 한샘이나 현대리바트 등의 대기업을 비롯해 건축가, 인테리어 디자이너, 공방까지 가구를 개발하고 제작하는 여러 분야의 사람을 만났다. 또 가구에 사물인터넷 기술을 접목하는 엔지니어, 해상의 공법을 접목하는 시공사, 가구로 공간을 완성하는 디자이너 등을 인터뷰하며 빌트인 가구가 만드는 내일의 모습에 주목했다. 빌트인 가구를 취재하며 감 매거진이 만난 스물네 명은 작업 성격과 구현 방식, 결과는 각기 달랐지만 궁극적인 목표는 같았다. "생활의 편리함을 높이고 경험하는 공간의 질을 높인다." 그 목표의 중심에는 모두 사람이 있었다. 48년 전 한샘이 처음 시스템 주방 가구를 내놓은 것도, 요즘 카페나 서점에서 빌트인 가구로 아이덴티티를 살리는 것도 결국 사람이 공간을 더 잘 누리기 위해서다. 빌트인 가구는 그러한 변화의 최전선에 있다.

요즘에는 '좋은 공간'에 대한 관심이 늘었다. 집이 부동산보다는 나만의 공간이라는 생각으로 원하는 분위기의 가구를 집에 들이고 인테리어를 한다. 예전에는 카페를 짓는 건축주가 테이블과 의자 개수, 회전율을 우선적으로 따졌다면 요즘에는 자리를 줄이더라도 공간에 더 신경 쓴다. 공간을 바꾸는 쉽고 빠른 방법인 가구의 역할은 자연스레 높아진다. 그렇다면 당신에게 맞는 빌트인 가구는 어떤 모습일까? 선택이 갈수록 다양해지는 시대에 이 책은 각자의 기준을 찾아가는 데 지침서가 되어줄 것이다.

_
책임에디터 정경화

폴리카보네이트와 합판으로 만든 〈두 번의 올림픽, 두 개의 올림픽〉전의 가구. 은은하게 빛나는 모습으로 때로는 전시를 관람하고 때로는 쉬어가는 공간이 된다. 전시 공간 설계는 푸하하하프렌즈(p.116 참고).

스튜디오 씨오엠은 건축주가 매일 쓰고 다니는 페도라에 착안해 카페 대충유원지의 가구를 곡선으로 파낸 형태로 디자인했다. (p.124 참고).

©texture on texture

한샘 키친바흐3 시리즈의 바흐 탠저린은 상큼한 귤색으로 마감한 표면과 리프트업 도어를 설치해 깔끔한 수납공간이 돋보인다.

GARM Magazine   12 Built-in Furniture   CONTENTS

14   1. STORY OF BUILT-IN FURNITURE

16   Furniture and Built-in Furniture   가구와 빌트인 가구
20   Materials of Furniture   소재로 알아보는 가구
26   Hardwares of Furniture   가구의 기능과 성능을 결정하는 하드웨어
30   Market of Built-in Furniture   국내 빌트인 가구 산업과 시장
32   Reportage   빌트인 가구 생산의 최전선: 한샘 제조사업부 남윤호 사업부서장

38   2. BUILT-IN FURNITURE IN SPACE

2.1 Built-in Furniture in Served Space   생활하는 주거 공간의 빌트인 가구

42   Built-in Furniture in Living Space   공간은 아끼고, 수납은 늘리고
50   Project   움직이는 가구로 공간을 진화시키다: 아키텍처 워크숍 PC
56   Project   거주자의 생활이 담긴 가구를 짓다: KC 디자인 스튜디오

2.2 Built-in Furniture in Serving Space   기능을 담은 공간의 빌트인 가구

64   Built-in Furniture in Kitchen   주방, 집의 중심에 자리 잡다
70   Interview   새로운 한국형 주방을 제시하다: 한샘 디자인실 김윤희 상무
74   Built-in Furniture in Bathroom   욕실, 재충전의 공간이 되다
78   Reportage   선박의 조립식 욕실, 건축에 넣다: 스타코 기본설계팀 전용언 차장

82 3. TREND OF BUILT-IN FURNITURE

3.1 Technology 발달한 기술을 접목한 가구
86 Living Technology 주거 기술과 가구의 이유 있는 만남
92 Built-in Modular 모듈러 건축에서 발견하는 빌트인

3.2 Program 변화하는 용도에 적응하는 가구
100 Change with Built-in Furniture 틀에 박힌 교실의 전형을 바꾸다: 서로아키텍츠 김정임 대표
104 Interview 작지만 특별한, '도심다운' 주거를 제안하다: 스트락스 어쏘시에이트 박광 대표,
　　　　　　두마인드오피스 민준기 대표
110 Opinion 가구로 공간의 여백을 만들다: UDS 나카하라 노리토 디자인 총괄

3.3 Design 공간의 분위기를 완성하는 가구
116 Interview 가구와 건축의 경계를 넘나들다: 푸하하하프렌즈 윤한진 공동대표
124 Interview 가구로 공간을 짓다: 스튜디오 씨오엠 김세중, 한주원 공동대표

132 4. SUPPLEMENT
134 빠르고 편리한 선택을 돕는 가구 쇼룸
140 나만의 가구 제작을 돕는 안내서

1

STORY OF
BUILT-IN FURNITURE

1.1 Furniture and Built-in Furniture
1.2 Materials of Furniture
1.3 Hardwares of Furniture
1.4 Market of Built-in Furniture
1.5 Reportage

Furniture and Built-in Furniture

가구와 빌트인 가구

인간은 편안한 삶을 누리기 위해 생활 속에서 끊임없이 도구를 개발해 왔다. 가구는 그 무수한 발명품 중 하나로, 공간에서 사람의 행위를 결정하고 생활을 돕는다. 좁은 의미에서는 의자, 테이블부터 넓은 의미에서는 휠체어, 탁구대, 공중전화 부스까지. 기능과 용도, 장소에 따라 불리는 이름은 각기 다르지만, 이들은 모두 가구다. 글 정경화

공간과 사람의 연결고리: 가구

가구furniture는 지급품, 공급품을 의미하는 프랑스어 쁘르니띠흐fourniture에서 유래한 단어로 '실내에 비치된 물건'을 의미한다. 한자로는 집 가(家)에 갖출 구(具)를 써서, '집에 갖춰진 설비나 물품'을 뜻한다. 의미상 가구의 역할은 집을 집답게 만드는 장치다. 집은 하나의 공간일 뿐, 가구가 갖춰졌을 때 비로소 사람이 사는 집이 된다.

공간에서의 행위가 다양한 만큼 이를 담아내는 가구의 종류도 헤아릴 수 없이 많다. 대개는 용도, 구조, 소재 등을 기준으로 분류한다. **용도**는 가장 기본이 되는 기준으로, 크게 가정용과 주방용, 사무용으로 나뉜다. 가정용 가구는 거실, 침실, 욕실, 현관 등 집에서 쓰는 가구로 붙박이장, 화장대, 서랍장 등이 해당된다. 주방용 가구는 일반적인 가정용 가구와 달리 조리대, 가열대 등을 조합한 시스템 가구다. 사무용 가구는 책상과 서랍, 책장, 회의용 테이블 등 사무 공간에 설치되는 가구다. 이외에 학교용 가구, 종교용 가구, 탁구대나 당구대 같은 여가용 가구 등이 있다.

구조에 따라 분류하면, 우선 스스로 서 있는 독립식 가구가 있다. 대부분의 가구가 여기에 속한다. 이외에 공간에 고정되어 효율적이고 깔끔한 고정식 가구, 바퀴가 달려 자유롭게 움직이는 이동식 가구, 공간에 맞추어 기본 규격을 여러 개 조합하는 방식으로 독립식과 고정식의 장점을 두루 갖춘 모듈형 가구로 나뉜다.

소재에 따라서는 친숙한 목재를 비롯해 금속, 플라스틱, 석재, 유리 가구 등으로 나눌 수 있다.

가구는 기능과 용도, 장소에 따라 불리는 이름은 각기 다르지만, 모두 공간에서 사람의 행위를 결정하고 생활을 돕는 도구다.

기능에 따른 가구 분류

최근에는 가구의 기능이 한층 복잡해지면서 **기능**에 따라 가구를 분류하기도 한다. 책에서는 생활에 어떤 방식으로 도움을 주는지에 따라 크게 네 가지 유형으로 정의했다.

먼저 침대나 의자처럼 신체를 직접 버티는 **지지가구**다. 사람의 무게를 지탱하고 편안한 자세를 유도한다. 몸이 직접 닿는 만큼 신체 조건에 맞춰 크기와 형태가 섬세하게 변한다. 벤치, 해먹, 매트리스 등으로 종류가 다양하고 휠체어, 리프트 같은 의료용 가구도 여기에 속한다. 두 번째는 테이블, 싱크대와 같이 인간의 행위를 돕는 **보조가구**다. 식사, 독서 등 다양한 행위를 보조하는 도구로, 작업의 효율을 높이고 생활에 편리함을 더한다. 앞서 말한 두 방식이 사람의 행위에 초점을 둔다면 다음 두 유형은 공간의 활용에 집중한다. 세 번째 유형은 **수납가구**로, 서랍, 책장, 사물함, 옷장과 같이 물건을 보관하고 진열한다. 물건의 종류와 크기, 수량과 수납하는 위치에 따라 형태와 구조가 달라진다. 마지막으로 선반장 같은 빌트인 가구나 파티션처럼 건축의 일부가 되거나 공간을 분리하고 합치는 **공간가구**다.

가구는 점점 더 복합적으로 기능하기에 어느 한 가지 유형에만 속하지는 않는다. 선반장이면서 공간을 분리하는 벽이 되거나, 테이블 하부에 수납장을 만들기도 한다. 특히 빌트인 가구는 공간과 가구의 경계를 오가며 여러 역할을 함께 수행하는 것이 많다.

공간과 가구의 적극적인 관계 맺기: 빌트인 가구

빌트인 가구는 건축이나 인테리어 단계에서 공간에 설치하는 가구를 뜻한다. 이동식 가구가 공간과 떨어져 있어 각각을 고르고 배치하는 '제품'이라면 빌트인 가구는 공간에 딱 맞춘 형태로 매입하거나 고정해 사용한다. 원칙적으로 이들은 설계 단계부터 건물의 요소 중 하나로서 공간과 함께 계획되고 만들어진다.

빌트인 가구도 기능에 따라 네 가지 유형으로 나눌 수 있다. 먼저 붙박이장으로 대표되는 **수납장**이다. 벽에 딱 맞춘 크기로 매입해 수납을 해결함과 동시에 공간의 일체감을 높인다. 두 번째는 공간의 이미지를 완성하는 **콘셉트가구**다. 건축가나 인테리어디자이너가 건물의 콘셉트에 맞춰 가구까지 함께 디자인하고 재료까지 세심하게 선정해 시공한 공간에서 발견할 수 있다(p.124 참고). 세 번째는 본래의 기능에 더해 벽, 바닥과 같은 건물의 요소로 역할하는 **건축가구**다. 건축가 푸하하하프렌즈가 설계한 연희동 나홀로단독주택(2016)에는 현관의 신발장과 서재의 책장을 겸하는 가구가 등장한다. 좁은 공간을 최대한 확보하기 위해 건축가가 직접 고안한 가구로, 3분의 2는 신발장, 나머지는 책장으로 쓰면서 두 공간을 분리하는 벽체의 역할까지 겸한다(p.19 참고). 마지막으로 침대, 소파, 책상 등 인체와 밀접하게 닿으면서 공간에 일체화되는 **설치가구**다.

빌트인 가구는 벽에 딱 맞춘 크기로 설치해 수납을 해결함과 동시에 공간의 일체감을 높인다. 사진은 현대리바트의 덴버드레스룸.

Story of Built-in Furniture

빌트인 가구의 중요성

불과 몇십 년 전만 해도 집은 한번 사면 평생을 보내는 공간이었다. 가족이 늘어날 것을 고려해 미리 넓은 집을 골랐고, 가구도 좋은 것으로 장만해 오래 썼다. 오늘날의 집은 생활에 맞게 유연하게 변화하는 공간이 중요해졌다. 1~2인 가구가 증가하며 원룸이나 오피스텔, 도시형 생활주택 등 소형 주거가 늘었고, 내 집을 마련하는 것이 갈수록 어려워지다 보니 작은 집에서 시작해 옮기면서 점차 크기를 늘린다. 집이 클수록 좋다는 인식은 점점 사라지고, 오히려 규모를 줄여 더 좁은 집으로 옮기는 주거 다운사이징 현상도 나타났다.

집의 크기가 계속 변함에 따라 가구는 적당한 가격대의 제품을 구매해 일정 기간 사용하다가 이사하면서 그 집의 분위기에 맞게 새로 사는 소비재로 바뀌고 있다. 특히 몸집이 큰 가구는 한 번 이사하면 품질이 크게 떨어지기에, 작지만 자신만의 공간연출이 가능한 제품을 찾는다. 다른 한편으로는 공간에 맞춘 빌트인 가구가 점점 중요해진다. 최근에는 공유 주거처럼 기본적으로 빌트인 가구를 갖춘 공간이 늘어난다. 공간에 일체화되어 있으니 이삿짐이 줄고 집을 옮기는 것에 대한 부담도 덜어준다. 공간의 낭비를 줄이면서 효율적인 빌트인 가구의 필요성은 점점 높아진다. 보통 빌트인 가구는 가구디자이너나 건축가, 인테리어디자이너가 계획하는 맞춤옷과 같지만, 기성복처럼 가구 제품을 생산하는 기업들도 발빠르게 움직이고 있다.

이제 가구는 제품보다 인테리어에 가깝다. 라이프스타일과 개성을 표현하는 수단이 되면서 공간의 일부가 됐다. 그리고 나날이 진화하는 가전을 넉넉히 품고, 집의 인상을 좌우하고 있다. 그 중에서도 빌트인 가구는 집에서 기술과 인테리어가 가장 긴밀하게 만나는 요소다. 그에 따라 계속 변화할 주거 생활에서 빌트인 가구가 앞으로 보여줄 모습이 더 기대된다.

△ 푸하하하프렌즈가 설계한 연희동 나홀로단독주택의 현관. 협소해 보이지 않도록 일부러 신발장 문을 벽처럼 디자인했다.
▷ 연희동 나홀로단독주택의 서재. 오른쪽에는 현관의 신발장 역할을 동시에 하는 책장이 자리하고 있다.

Materials of Furniture

소재로
알아보는 가구

가구의 재료는 뼈대를 이루는 구조재와
그 위에 마감하는 표면재, 보조 재료인
부자재로 나뉜다. 가구재로 많이 쓰이는
네 가지 소재를 선정해 각각의 특징과
종류를 소개한다. 익숙했던 가구의 면면을
좀 더 자세히 들여다보자. 글 정경화

가구 초보자부터 전문가까지 모두에게 사랑받는 대표 재료
목재

인류가 가장 오랫동안 사용해온 재료인 목재는 고유의 아름다운 무늬와 따뜻한 질감 덕분에 가구재로도 늘 사랑받아 왔다. 가볍고 비교적 가공하기가 쉬워 DIY에도 자주 등장한다. 주로 각재나 판재로 가공해 구조재로 사용하고, 무늬목[1]처럼 얇게 가공해 표면재로 쓰기도 한다.

가구에 쓰이는 목재의 종류
원목은 목재를 그대로 건조하고 재단해 만든 재료다. 가장 자연에 가까운 상태이기에 친환경적이고 스스로 온도, 습도를 조절해 환경을 쾌적하게 유지한다. 하지만 습기에 약해 변형이나 결함이 생기기도 한다.

 목재를 가공해 규격재로 만든 **가공목재**는 나무 고유의 아름다움을 그대로 담지는 못하지만 가구의 대량생산이 가능하고 조립이 쉽다. 원목보다 가볍고 습기에 강해 하자가 적고, 비용도 더 저렴하다. 그러나 목재를 결합하기 위해 쓰는 접착제에 포름알데히드 성분이 섞여 있어 친환경 면에서 주의가 필요하다. 포름알데히드는 눈, 코, 목을 자극하는 발암물질로, 심하면 발작도 일으킨다. 가구가 만들어진 후 길게는 4~5년까지 공기 중으로 배출되기에 처음 가구를 고를 때부터 고려해야 한다. 산업통상자원부에서는 가공목재의 KS 인증 등급을 포름알데히드 방출량에 따라 네 단계로 구분한다. 파티클보드PB, Particle Board나 중밀도 섬유판MDF, Medium-Density Fiberboard은 가공목재 중에서도 상대적으로 접착제의 비중이 높으니 등급을 더 꼼꼼히 확인하자.

가구재로 쓰이는 대표 가공목재
합판은 통나무를 회전시키면서 얇게 저며 만든 판재veneer를 나뭇결이 직각으로 엇갈리도록 쌓고 접착제로 붙여 만든다. 사용한 수종에 따라 합판의 종류가 달라지고, 가격이나 품질의 차이도 큰 편이다. 최근에는 합판 가구 특유의 미감이 인기를 끌면서 카페 같은 상업 공간에서도 심심찮게 보인다.

 합판이 목재를 수직적으로 쌓은 것이라면, **집성목**은 여러 개의 작은 원목을 수평으로 잇는다. 나무를 일정한 크기로 재단한 뒤, 접착제로 이어 붙여 넓은 판재나 각재 형태로 만든다. 합판과 마찬가지로 집성한 수종에 따라 이름이 붙고, 가구재 중에서도 DIY 가구에 많이 쓰인다(감01 목재 편 p.49 참고).

 파티클보드와 **중밀도 섬유판**은 잘게 부순 목재에 접착제를 섞고 높은 온도에서 판재 형태로 압축해 만든다. 파티클보드의 입자가 톱밥 정도의 크기라면, 중밀도 섬유판은 목섬유로 만들어 조직이 더 치밀하고 가공이 쉽다. 입자의 밀도와 크기에 따라 고밀도 섬유판HDF, High-Density Fibreboard, 저밀도 섬유판LDF, Low-Density Fibreboard로 나뉜다. 모두 원목을 켜는 것이 아니라 목재 조각을 붙여 만들기에 원목이나 합판보다 충격에 약하다. 하지만 재단이나 구멍 뚫기 등 가공이 쉬워 대부분 바탕재로 쓰고, 무늬목이나 필름을 붙여 가구를 만든다. 주거 공간의 붙박이장, 주방 가구, 신발장 등 빌트인 가구의 필수 원자재다.

가공목재의 KS 인증 등급 기준

구분	등급	포름알데히드 방출량(mg/L)	
		평균값	최대값
친환경 가구재	SE0	0.3 이하	0.4 이하
	E0	0.5 이하	0.7 이하
가구재	E1	1.5 이하	2.1 이하

견고함, 가공성, 재활용의 삼박자를 갖춘 다재다능 재료
금속

금속은 가구의 구조를 보강하고 장식하는 부재료로 사용됐다. 그러다가 19세기 말, 가공 기술이 발달하면서 본격적으로 활용하기 시작했다. 초반에는 물성이 차갑고 딱딱해 일상의 재료로 크게 주목받지 못했다. 20세기 이후, 모더니즘과 함께 물성에 어울리는 현대적인 디자인이 등장하면서 비로소 제 몸에 맞는 옷을 입고 첨단과 미래를 상징하는 소재로 탈바꿈한다.

금속은 견고하면서도 결이 없고 균일해 목재나 석재보다 더 정확한 재단이 가능하다. 구부리거나 길게 늘일 수 있어 원하는 형태로 가공하기에도 좋다. 다른 산업재료와 달리 재활용이 가능한 친환경 소재라는 점에서 앞으로의 발전이 더욱 기대되는 재료다. 손잡이나 연결 철물 등 하드웨어로 쓰이는 경우가 많지만 구조와 형태를 이루는 재료로도 쓰이는데, 그 대표적인 예가 사무용 의자다.

특히 금속은 얇은 부재로 무게를 지탱하고, 접합하여 계속 확장할 수 있어 공간의 가변성이 중요한 사무용 가구에 안성맞춤이다. 파티션이나 접이식 가구, 업무 용품을 수납하고 이동하는 모바일 컨테이너 시스템에 활발하게 쓰인다. 국내의 철재 가구 업체인 레어로우는 모듈을 적용한 시스템 가구를 다양하게 개발한다.(감07 철재편 p.130 참고)

가구재로 쓰이는 대표 금속

가구재로 가장 먼저 활용되었고 지금까지도 널리 쓰이는 금속은 **철**이다. 목재와 석재의 구조적인 한계를 극복하고 새로운 조형을 표현할 수 있어 디자이너에게 늘 환영받는 재료다. 이외에 영국의 소설가 찰스 디킨스Charles Dickens가 "은의 순백색, 금의 불멸성, 철의 강인함, 구리의 가용성[2], 유리의 가벼움을 함께 지녔다"고 표현한 **알루미늄**이 많이 쓰이고 있으며, **구리**나 **티타늄**도 꽤 쓰인다. 특히 알루미늄은 실외에서도 쓸 수 있고 인체에도 무해해 21세기를 대표하는 소재로 주목받는다. 다른 모든 비철금속의 생산량을 합친 것보다 더 많이 생산되고 계속해서 사용이 늘고 있다.

한눈에 모아 보는 대표 가구재

	가공목재				금속	
	합판	집성목	파티클보드(PB)	중밀도 섬유판(MDF)	철재	알루미늄
정의	얇게 저민 판재를 나뭇결이 직각으로 엇갈리도록 쌓아 붙인 가공목재	여러 개의 작은 원목을 수평으로 이어 만든 가공목재	목재, 사탕수수 등을 톱밥 크기로 분쇄하고 접착제를 섞어 고온에서 압축한 가공목재	목섬유와 접착제를 섞어 만든 가공목재	철광석을 녹여 만든 금속	은백색의 부드러운 금속
특징	• 수종에 따라 다양한 종류 • 최근 상업 공간 가구재로 인기	• 수종에 따라 다양한 종류 • 이음부가 그대로 드러나는 형태	• 저렴한 가격 • 가공이 쉬움	• 평활한 표면 • 가공이 쉬움	• 하중을 지지하는 강도 높은 재료 • 다양한 가공 가능	• 실외에서 쓸 수 있음 • 인체에 무해함 • 가벼우면서도 뛰어난 내구성
쓰임	구조재, 마감재	DIY 가구	빌트인 가구 대표 구조재	도장 가구 대표 구조재	구조재, 하드웨어	구조재, 하드웨어

용어정리

1) 무늬목: 목재를 종이처럼 얇게 켜 원목의 결을 살린 판재. 가구의 표면재로 많이 쓰인다(p.49 참고).
2) 가용성: 비교적 낮은 온도에서도 잘 녹는 금속이나 고체의 성질.

형태에 제약이 없는 대량생산 맞춤 재료
플라스틱

쉽게 원하는 형태로 가공할 수 있다는 뜻의 그리스어 플라스티코스Plastikos에서 그 이름이 유래한 플라스틱은 석유에서 추출한 원료를 결합해 만든 고분자물질이다. 이름에 담긴 의미대로 열을 가하면 자유롭게 성형이 가능한 것이 가장 큰 특징이다. 가벼워 보관하기 쉽고 비용도 저렴해 틀에 붓고 찍어내는 방식으로 대량의 가구를 생산하는 데 쓰여 왔다. 형태의 제약이 없다는 점에서 디자인을 구현하는 데도 매력적인 재료다. 곡선, 곡면 등 과거에는 불가능했던 형태를 자유로이 성형하고, 색상과 광택을 비롯해 금속, 나뭇결 같은 질감도 낸다. 무색투명한 것은 유리를 대신해 쓸 수도 있다. 단점은 내후성이 약하다는 점이다. 특히 자외선에 약하고 정전기가 잘 생긴다.

플라스틱 가구는 주로 **ABS 수지**Acrylonitrile-Butadiene-Styrene Copolymer나 유리섬유강화플라스틱GFRP, Glass Fiber Reinforced Plastic 등으로 만들어진다. **ABS 수지**는 대개 반투명한 유색으로, 착색이 쉽고 충격과 열에 강하다. 도금하기가 쉬워 금속을 대신해 많이 쓰여왔다. **유리섬유강화플라스틱**은 내수성과 내열성이 뛰어난 불포화 폴리에스테르수지에 내식성과 강도가 뛰어난 유리섬유를 합성한 복합재료로, 철에 비유할 만큼 강도가 높으면서도 종이만큼 가볍다. 비용이 저렴하고 가공하기도 쉬워 주택부터 공공시설까지 가구재로 폭넓게 쓰인다.

최근 플라스틱의 환경문제가 중요한 이슈로 대두되면서 바이오 플라스틱을 쓰거나 천연자원을 접목하는 등 환경을 함께 고려하는 대안을 모색하고 있다.

자연 그대로의 색감과 무늬가 매력적인 재료
석재

석산이 풍부했고 기후도 잘 맞았던 서양에서는 그리스·로마 시대부터 대리석 가구를 사용했다. 서양의 입식 문화가 전파되면서 동양에도 석재 가구가 등장했다. 근대 이후 석재 가공기술과 부자재의 발달로 이용이 활발해졌으나 아직 가구보다는 건축용 내, 외장재로 쓰이는 비중이 훨씬 높다.

가장 눈에 띄는 점은 표면을 마감하는 방법이 다양하다는 점이다. 같은 석종이라도 표면 처리에 따라 질감이나 색감이 달라진다. 상판으로 쓰는 경우에는 유지 관리를 고려해 대부분 광택이 있는 물갈기로 처리한다.

소재 특성상 가공이 어렵기에, 가구에서는 주방이나 테이블 상판의 재료로 많이 쓰인다. 높은 강도에 비해서 충격을 가하면 쉽게 깨져 대부분 일정한 두께의 판재로 재단해 쓴다. 또한 질감이 딱딱하고 강도가 높아 물건을 올려놓거나 작업하는 테이블에 적합하다.

가구재로 쓰이는 석종은 대부분 유색 화강암과 대리석이다. **화강암**보다 색과 무늬가 아름답고 가공이 쉬운 **대리석**이 더 많이 쓰인다. 최근 들어 가구 외에 코스터, 명함꽂이 등 생활 소품으로 쓰는 경우도 늘고 있다(감09 석재 편 p.78 참고).

광물이나 석재 조각에 합성수지, 시멘트 등의 물질을 섞어 만든 **인조석재**도 가구의 단골 재료다. 석재의 질감을 모사한 자재로, 가공이 어렵고 가격이 비싼 천연석재의 단점을 보완한다. 특히 인조대리석으로 불리는 **수지계 인조석**과 **엔지니어드 스톤**은 상업 공간의 바 테이블이나 주방 상판의 재료로 익숙하다(감09 석재 편 p.37 참고). 최근에는 유리, 플라스틱 등 아예 다른 소재에 기법을 더해 색상과 무늬, 석재의 질감까지 모사하기도 한다.

가구의 기능과 성능을 결정하는 하드웨어

앞서 설명한 재료가 구조재와 표면재, 즉 부재에 대표적으로 쓰이는 소재라면 부자재는 구조체를 제외한 나머지, 부재를 잇거나 결합하는 연결 철물을 비롯한 모든 장치를 의미한다. 가구에서 차지하는 비중은 작지만, 성능에 큰 영향을 미치는 하드웨어에 대해 자세히 알아보자. 글 정경화

손잡이

문이나 서랍을 여닫는 데 쓰이는 부자재

손잡이
문이나 서랍에 부착해 여닫는 장치. 부착 방법에 따라 원형, ㄷ자형 등으로 튀어나온 **돌출식**, 디자인과 안전성을 고려해 부재 안으로 집어넣거나 누르면 버튼이 나오는 **매입식**이 있다. 디자인과 소재에 따라 종류가 매우 다양해 공간의 분위기에 변화를 주고 싶을 때는 손잡이만 교체해도 효과가 크다. 손잡이와 짝을 이루는 하드웨어로는 안에서 **걸쇠**로 문을 고정하는 잠금장치인 **래치**, 걸쇠를 잡아주는 **캐치**가 있다.

경첩(힌지 hinge)
가구의 몸체와 문짝을 연결해 여닫는 데에 쓰이는 철물로, 가장 기본적이면서도 중요한 부자재다.
　가장 일반적으로 쓰이는 **나비경첩**은 축을 중심으로 대칭을 이루는 양 날개가 달린 모습이 나비를 닮아 이름 붙여졌다. 문을 닫으면 밖에서 축 부분이 보인다.
　숨은 경첩은 문짝 안쪽에 내장되어 밖에서 보이지 않는다. 주방 가구 대부분에 쓰여 '싱크대 경첩'이라고도 불린다. 조립과 해체가 간단하고 튼튼해 문짝의 하중도 잘 지지한다. 열리는 각도는 90, 110, 135, 165° 등으로 다양해 필요에 맞게 선택한다.

경첩

　피봇경첩은 무게를 가장 잘 견디는 경첩으로, 방문처럼 무게가 많이 나가는 곳에 사용한다. 이외에 문짝을 위아래로 여닫는 수평 경첩인 **플랩경첩**, 유리문을 다는 데 쓰는 **유리경첩**, 드릴로 구멍을 내지 않고 표면에 나사못을 박아 일반인도 쉽게 설치할 수 있는 **무보링경첩** 등이 있다. 요즘에는 일정 각도 이상 닫히면 나머지는 자동으로 닫히도록 댐퍼damper가 내장된 제품이 많다. 독일의 하드웨어 업체 헤티히Hettich의 댐퍼내장형 경첩인 센시스sensys는 자동으로 닫히는 각도가 35°로 커서 다른 제품보다 문을 닫을 때 힘이 더 적게 든다.

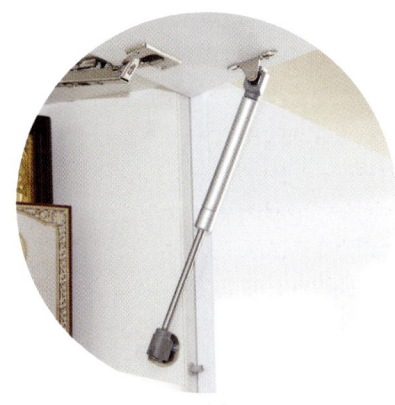

스테이

스테이
수대라고도 불린다. 문을 열었을 때 닫히지 않도록 고정하거나 열리는 각도를 조절한다. 위아래로 열리는 수납장에 플랩 경첩만으로 문의 하중을 견디기 어려울 때 스테이를 함께 붙이면 문을 지지하면서 닫힐 때의 충격을 줄여준다. 압축가스가 내장된 제품은 가스의 압력 차이를 이용해 문이 부드럽게 열리도록 돕는다.

레일
미닫이문, 접이식문에 쓰이는 **도어레일**과 서랍이 쉽게 열리고 닫히도록 도와주는 **서랍레일**이 있다. 서랍레일은 소재와 작동 방식에 따라 목재로 만드는 목레일, 철재로 만드는 스틸레일과 스틸볼레일로 구분한다. **목레일**은 서랍재의 옆면에 홈을 파고 몸체에 레일을 붙여 레일이 홈을 타고 다니며 여닫는다. **스틸레일**은 목레일보다 한 단계 발전한 것으로, 조립이 간편해 가장 많이 쓰인다. 그러나 서랍이 끝까지 열리지 않아 안쪽의 물건을 빼기가 불편하다. **스틸볼레일**은 이 단점을 보완한 것으로, 레일에 박힌 작은 구슬이 작동을 돕는다. 소음이 적고 볼의 개수에 따라 견디는 하중이 달라진다. 가격이 좀 더 비싸고 설치하기가 어려운 것이 단점이다. 사무실이나 장롱의 큰 서랍에 많이 쓰인다.

레일

서랍을 닫을 때 충격을 줄이는 기능이 추가된 **스틸볼레일 댐퍼** 제품도 있다. 볼레일에서 좀 더 진화한 **언더레일**은 레일이 보이지 않도록 숨긴 고가형 제품으로 주방 가구에 많이 쓰인다. 헤티히의 언더레일 제품인 콰드로quadro는 스틸볼이 작동하면서 자동으로 먼지를 밀어내도록 설계해 내구성을 더욱 높였다.

부재와 부자재를 잇고 조립하는 연결 철물
볼트와 너트
볼트는 원기둥이나 원뿔 형태로 바깥에 나사선이 새겨진 나사를 뜻하고, **너트**는 가운데 구멍이 있고 구멍 안쪽에 나사산이 패여 있어 볼트를 고정하는 역할을 한다. 자재를 사이에 두고 둘을 끼워 접합하며 연결하는 두 재료의 두께를 합한 값보다 5~8mm 정도 길이가 더 긴 제품을 선택한다. 옆판끼리 연결하는 부자재는 **커넥팅 볼트**와 **너트**라 부른다. 수납장을 서로 연결해 움직이지 않도록 고정하고 바닥에 수평이 맞지 않을 때 장의 수평을 맞춰주는 역할을 한다.

볼트와 너트

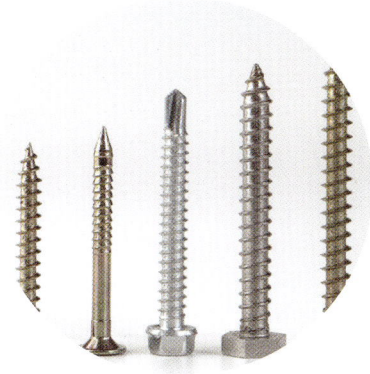

나사못

나사못

목재, 금속 등 가구를 조립할 때 가장 많이 사용하는 연결 철물이다. 드릴에 나사못을 끼우고 작동시키면 나선형으로 돌출된 나사산이 빙글빙글 회전하면서 두 물체를 고정한다. 지름은 2~8mm로, 못보다 두 배 정도 지지력이 강하다. 끝이 뾰족한 나사못은 목재처럼 부드럽고 약한 재료에 쓰고, 끝에 두 개의 날개가 달린 직결나사못은 금속처럼 단단한 재료를 뚫는 데 사용한다. 종류에는 머리모양에 따라 둥근머리, 접시머리, 둥근접시머리, 머리에 패인 홈의 모양에 따라 일자머리, 십자머리 등이 있다.

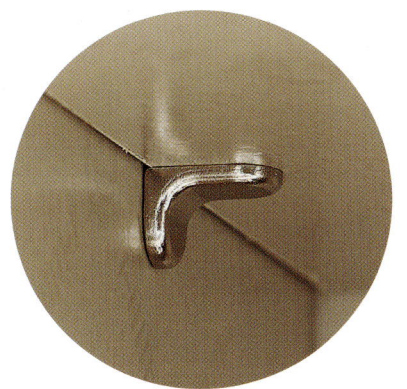

선반 꽂음촉

선반 꽂음촉(다보)

사용자가 수납장의 선반 높이를 자유로이 조절할 수 있도록 선반장의 옆면에 구멍을 뚫고 꽂는 지지대를 뜻한다. 주로 철제 다보를 많이 쓰며 선반 바닥의 앞뒤로 형태를 다르게 해 쉽게 움직이지 않는다. 용도에 따라 **일반 선반 다보**와 우레탄이나 고무 범퍼를 추가로 달아 유리의 미끄러짐을 막아주는 **유리 선반 다보**, 일자로 긴 형태로 만든 알루미늄 소재의 **줄다보**가 있다. 줄다보는 구멍이 촘촘히 뚫려 있어 사용자가 선반 높이를 더 다양하게 조절할 수 있다.

미니픽스

미니픽스

옆판과 바닥판, 옆판과 천장판 등 두 자재를 직각으로 연결할 때 쓰는 연결 철물. 볼트와 볼트를 끼워 고정하는 하우징, 볼트가 보이지 않도록 가려주는 하우징 캡으로 이루어진다. 자재의 크기에 따라 하우징과 볼트의 길이를 조절할 수 있고, 십자드라이버로 쉽게 조립, 분해할 수 있어 조립식 가구에 많이 쓰인다. 비슷한 역할을 하는 자재로 직각으로 만나는 부재를 수평으로 연결하는 **라픽스**가 있다.

+TIP 알아두면 쓸모있는 하드웨어 선택법

서랍재는 부드럽게 열리고 닫히는지, 서랍을 끝까지 열고 세게 누르거나 좌우로 흔들었을 때 안정적으로 작동하는지 확인한다. 전시된 제품의 크기가 작아 테스트하기 어렵다면 서랍의 너비를 900~1,200mm까지 제작할 수 있는지 물어보자. 제작이 가능하다면 튼튼한 하드웨어를 사용한다고 봐도 좋다. 경첩은 문을 직각으로 열고 위에서 아래로 눌렀을 때 움직임이 없는지 확인한다. 움직이는 간격이 크다면 사용할 때 문이 잘 닫히지 않을 가능성이 높다. – 우보인터내셔날(블룸 수입판매업체) 김대권 차장

Market of
Built-in Furniture

국내 빌트인 가구 산업과 시장

국내에서는 빌트인 가구를 아파트에 대량으로 납품하는 가구 정도로 인식하는 경우가 많다. 그러나 건설사나 시공사를 대상으로 생산하는 특판용 가구 외에도 소비자가 소재와 색상, 하드웨어를 직접 선택해 맞춤 제작하거나 건축가와 인테리어디자이너가 공간과 함께 계획하는 가구까지 빌트인 가구의 유형은 다양하다. 국내 빌트인 가구 산업과 시장의 현황을 담았다. 글 정경화

빌트인 가구 산업과 시장의 구성 요소

국내의 빌트인 가구 산업은 1980년대 대규모 아파트 단지 건설 붐을 타고 본격적으로 성장했다. 그러나 1990년대 말 IMF 금융위기가 발생하면서 시장 규모가 축소됐고, 공급 과다로 인한 경쟁을 거치며 소수의 대기업이 시장을 주도하는 현재의 산업구조가 형성됐다. 2000년대 중반부터 공간에 대한 관심이 높아지면서 다양한 색상과 소재를 활용한 제품군이 나왔고 최근 재건축이나 리모델링 수요가 늘어나며 시장 규모는 다시 커지고 있다.

빌트인 가구 시장은 크게 자체 브랜드를 보유한 대기업과 주거 공간의 맞춤 가구를 주로 제작하는 주문가구 제작업체, 그리고 공간과 함께 어울리는 가구까지 디자인하는 건축가와 디자이너로 구성된다. **대기업**은 다양한 가격대의 제품을 대량생산하고, 생활 소품과 건자재까지 영역을 확장하는 추세다. **주문가구 제작업체**는 가구의 계획부터 제작, 시공까지 전 과정에 관여하며 개개인의 요구에 맞는 가구를 완성한다. 일반적인 도장이나 무늬목 외에 타일, 콘크리트 등 새로운 소재도 적극적으로 시도해 대기업이 노리기 어려운 틈새시장을 공략한다. 기업이 효율적이고 표준이 되는 아파트라면, 주문가구 제작업체는 제각기 다른 매력이 있는 단독주택에 비유할 수 있다. **건축가**나 **인테리어디자이너**는 본래 공간을 위주로 설계하지만, 디자인을 효과적으로 구현하기 위해 때로 가구까지 계획하기도 한다(p.115 참고). **가구디자이너**도 고유한 디자인 언어를 살리면서 공간에 맞는 빌트인 가구를 계획하고 제작한다(p.140 참고).

빌트인 가구 시장의 주요 기업

국내 가구 시장은 가정용, 사무용 등 용도별로 분류되어 있고 빌트인 가구 시장은 특판용으로 한정 짓고 있어 정확한 규모나 구성을 가늠하기 어렵다. 그러나 빌트인 가구 시장에서도 매출을 기준으로 대기업이 절반 이상의 비율을 차지하며, 한샘과 현대리바트, 에넥스 세 곳이 대표적이다. **한샘**은 처음부터 빌트인 가구의 개념을 도입해 지금까지 1위를 지키고 있는 국내 빌트인 가구 기업 대표주자다. **현대리바트**는 건설사에 들어가는 아파트용 가구를 주로 생산하다가, 가정용 가구까지 확장했다. 현대백화점에서 인수한 이후에는 사무용, 유·아동까지 분야를 넓히고, 미국 홈퍼니싱 기업인 윌리엄스 소노마 Williams Sonoma의 가구와 생활 소품 브랜드를 론칭하며 다양해지는 라이프 스타일에 대응하고 있다. 오리표싱크로도 익숙한 **에넥스**는 주방 가구를 전문으로 내공을 키워왔다. 국내 최초로 입식 주방을 도입했고, 문짝에 페인트를 부어 이음새를 깔끔하게 마무리하는 6면 UV도장 기술이나 대규모 도장 설비를 갖추는 등 도장 가구에 특히 강세를 보인다. '가구 공룡'이라 불리는 글로벌 기업 **이케아**는 2015년 국내 진출 초기에는 DIY 생활용품과 소가구류를 주로 판매했으나, 최근 인테리어 가구 전반으로 영역을 확대하고 있다. 또, 독일의 **불탑** bulthaup, 이탈리아의 **다다** dada 등 수입 주방 가구 업체는 장인의 예술 작품과도 같은 제품을 선보이며 고가 시장을 주도한다.

빌트인 가구 시장은 점점 더 가구보다는 공간의 영역이 되어 간다. 대기업은 인테리어 패키지와 시공 서비스를 내세우며 홈인테리어 기업을 표방하고, KCC나 LG하우시스 같은 건자재 회사뿐 아니라 가전 회사도 속속 시장에 뛰어든다. 기존의 시장은 몇몇 대기업이 비슷한 행보를 보이는 형태였지만 이제는 유형이 다양해지면서 소비자의 취향과 선택이 더 중요해진다.

Reportage

빌트인 가구 생산의 최전선

×

한샘 제조사업부 남윤호 사업부서장

1970년대 대다수의 국내 가구 회사가 공간에서 분리된 독립식 가구를 생산하던 시절, 한샘은 공간에 맞추어 가구를 짓는다는 개념으로 1973년 빌트인 주방 가구를 처음 시장에 내놓았다. 그때의 방식이 지금까지 이어져 국내 빌트인 가구를 대표하는 업체로 자리 잡았다. 1992년 완공 이후 자사의 모든 빌트인 가구를 생산해 온 전초기지, 안산 3, 4공장에서 제조사업부 남윤호 사업부서장을 만났다. **인터뷰 정경화**

감씨(감): 안산 근교에 총 다섯 개의 공장이 있다. 각각 어떤 작업을 담당하나?
남윤호(남): 1공장과 5공장은 물류센터고 2공장은 주방 상판으로 쓰이는 인조대리석을, 이곳 3, 4공장은 가구 제품을 생산한다. 면적이 3만 6,000m²인 3공장에서는 가구 몸체를, 1만 2,000m²인 4공장에서는 문짝과 맞춤제작 가구를 담당한다. 가구를 생산하고 공간에 설치하기까지의 과정을 간략히 소개하면, 먼저 3, 4공장에서 원자재를 성형하고, 재단, 가공, 포장 공정을 거쳐 가구의 부재를 완성한다. 부품 단위로 생산한 제품은 1, 5공장의 물류센터에서 소비자의 집으로 배송하고, 현장에서 시공 전담 직원이 설치한다. 3, 4공장에서 원자재가 제품이 되기까지 걸리는 기간은 대략 4일 정도다.

감: 제품을 부품 단위로 생산하는 방식을 택한 이유는 뭔가?
남: 과거에는 독립식 가구가 대부분이었기에 전부 완제품 형태로 생산했다. 부품 단위로 배송해 소비자가 직접 만드는 '플랫팩flat-pack'이나 현장에서 전문가가 설치하는 '녹다운knock down' 방식은 드물었다. 이러한 차이는 궁극적으로 소비자의 요구를 받아들이는 방식이 달라서 생긴다. 우리는 빌트인 가구로 시작했기에 처음부터 녹다운 방식을 고집했다. 미리 현장을 방문해 실측하고, 부품 상태로 생산한 제품을 공간에 맞추어 조립하고 설치한다. 제품의 90% 이상은 이러한 방식으로 만든다. 부품 단위로 배송하기에 부피가 적어 효율적이고, 자체 시공 인력을 갖춘 것도 장점이다. 전문가가 아닌 일반인이 설치하고 쓰기가 어렵다는 점은 어찌 보면 단점이기도 하다. 그러나 누구나 설치할 수는 없더라도 전문가가 직접 시공해 품질에 대한 신뢰성을 높이는 것이 소비자에게 이로울 것이라 판단했다.

감: 이곳 3, 4공장에서는 주로 어떤 가구를 생산하나?
남: 하드웨어를 제외하고 문짝과 몸체,

△△ 한샘 제조사업부 남윤호 사업부서장.
△ 한샘 안산 3, 4공장 전경.

가구 설치 후에 남는 공간을 가리기 위해 시공하는 엔드 패널End Panel, EP은 모두 이곳에서 생산한다. 빌트인 가구로 시작하다 보니 자연스레 시스템 수납이나 주방에 특화되었고, 생산량도 주방 가구와 침실의 붙박이장이 가장 많다. 주방 가구는 하루에 아파트 1,000세대 정도의 물량을 생산한다. 2년 전부터는 주방과 침실 외에 현관, 거실, 서재 등도 빌트인 가구로 채우는 것이 트렌드다. 개개인의 요구에 맞추면서 세탁기 위 천장, 계단 아래 등 숨은 공간을 활용할 수 있어서다. 이러한 수요에 대응해 붙박이장을 바탕으로 현관장, 거실장을 비롯해 30여 개의 아이템을 개발했다. 침대와 책장, 거실장도 공간을 좀 더 짜임새 있게 쓰기 위해 빌트인 형태로 바꾸었고, 주거 공간 전체를 채우는 제품군을 완성했다.

감: 한샘은 2012년부터 생산 규모를 계속해서 키우고 있다. 최근에는 건자재와 리모델링 사업을 본격화해 홈 인테리어 기업으로 변모 중이다. 이에 따라 공장에는

2012년부터 공정을 본격적으로 자동화하여, 동일한 인원과 공장 규모를 유지하면서 생산량을 3배 가까이 늘렸다.

어떤 변화가 있었나?
남: 욕실 패널, 바닥재 등 제품 종류와 물량이 함께 늘면서 2012년부터 공정을 본격적으로 자동화했다. 이전과 비교하면 인원과 공장 규모를 그대로 유지하면서 생산량이 3배 가까이 증가했다. 단점이 있다면 불량이 생기면 대량으로 발생한다는 것이다. 이를 막기 위해 2018년부터 주방 문짝 공정에 독일 바우머Baumer 사의 자동화 검사장비를 도입했다. 이 기기는 표준 결과의 모습을 저장해 두고 공항의 검색대처럼 모양과 규격이 100% 일치하는 제품만 통과시킨다. 불량의 원인도 함께 도출한다. 검사 장비를 도입하기 전보다 불량률이 10분의 1 정도로 줄었다.

감: 가구는 각각 형태와 규격이 다르다. 생산 과정 가운데 어떤 단계에서 차이를 만드나?
남: 생산 공정은 크게 구조재에 표면재를 붙이는 성형과 재단, 가공, 포장의 4단계로 이루어진다. 몸체와 문짝 둘 다 생산 공정은 비슷하다. 얼마나 다양한 제품을 소화하느냐는 가공 공정에서 결정된다. 가공은 접합, 구멍을 뚫는 보링, 절단면과 마감되지 않은 모서리에 표면재를 붙이는 엣지마감 등 여러 공정이 진행되는 가장 복잡한 과정이다. 주방, 붙박이장 등 공간과 제품별로 구분해 여덟 개의 라인에서 각각 다른 방법으로 가공한다. 가구의 종류와 디자인, 조립 방식에 따라 규격, 구멍을 뚫는 부위와 크기가 모두 다르기에 가구마다 몸체와 문짝을 이루는 부품 하나하나까지 세부 도면이 들어온다. 도면을 등록하면 CNC[1] 방식으로 데이터를 자동으로 변환해 기계가 가공한다.

감: 생산 공정 중 품질을 좌우하는 가장 중요한 단계는 무엇인가?
남: 가공 단계에서도 노출된 면에 표면재를 붙이는 마지막 엣지마감 공정이 가구의 품질을 좌우한다. 이 공정이 치밀하지 않으면 변형이 크게 일어나고 수명도 빠르게 줄어든다. 특히 주방 가구는 불과 물을 함께 쓰기 때문에 접착면이 들뜨면 내구성이 현저하게 떨어진다.

감: 가구 생산에서 다른 업체와 차별화되는 강점이 있다면?
남: 가구 산업은 생산 기술이나 설비가 간단해 진입장벽이 높지 않다. 중요한 것은 원자재 선별과 철저한 품질 검사, 하나의 설비로 가능한 다양한 아이템을 소화하도록 공정을 꾸리는 노하우다.
우선, 공장에서 거의 모든 공정을 소화하기에 다른 업체보다 직접 생산하는 비중이 높다. 한 가구의 부품을 여기저기 보내지 않고 한곳에서 관리한다. 두 번째는 소비자가 가장 많이 요구하는 품질이기도 한 친환경이다. 다른 가구 회사는 표면재가 입혀진 자재를 구매해 가구를 만들지만, 우리는 직접 원자재에 표면재를 붙인다. 기본적으로 원자재는 E0 등급(p.21 참고) 이상을 쓰고, 접착제도 한국공기청정협회의 HB 인증마크[2]를 기준으로 클로버가 다섯 개 이상인 수성 계열 제품을 쓴다. 성형 공정에 들어가기 전후로 원자재와 접착제 모두 포름알데히드 방출량과 휘발성유기화합물[3] 테스트를 거쳐 기준을 통과한 자재만 생산에 투입한다. 친환경 테스트 외에도 성형, 재단, 가공, 포장 전의 5단계에 걸쳐 품질을 철저히 검사한다. 성형 후에는 표면을 확인하고, 재단 후에는 규격에 맞게 잘렸는지, 가공 후에는 원하는 깊이, 크기, 위치에 맞게 구멍이 제대로 뚫렸는지 검사한다. 마지막 완제품 검사를 제외하고 나머지 검사는 사람이 직접 1대 1로 대조한다.

감: 자재는 어떤 기준으로 선정하며, 어디서 수급하나?
남: 자재는 크게 몸체를 이루는 구조재와 표면재, 하드웨어로 나뉜다(p.20 참고). 구조재는 6대 4의 비율로 주로

2018년부터 주방 문짝 공정에 도입된 자동화 검사장비. 시중에 판매되는 검사기기를 공정에 맞게 개량해 불량의 원인까지 함께 도출한다.

파티클보드와 중밀도 섬유판을 쓴다. 파티클보드는 80%는 동남아시아, 20% 정도는 유럽에서 수입하고, 일부는 국내 업체인 동화기업에서 수급하기도 한다. 중밀도 섬유판은 90% 이상이 국내 제품으로, 대개 뒤판 재료로 쓴다. 하드웨어는 국내 협력사와 블룸Blum, 헤티히, 헤펠레Häfele 등 해외 업체에서 구매한다.

우리는 고급라인 키친바흐의 일부 제품을 제외하고 95% 가까이 표면재를 접착제로 붙이는 방식으로 생산한다. 무늬목이나 도장은 품질을 균일하게 관리하기가 어렵지만, 표면재를 붙이는 방식은 색상과 무늬가 정해지면 가구부터 바닥재, 패널 등의 인테리어 내장재까지 하나의 시트로 같게 맞출 수 있다. 가구만이 아니라 인테리어 자재까지 직접 생산하는 우리에게는 이 방식이 유리하다.

표면재의 재료로는 종이류인 CPR Coated Paper Roll, 재활용이 가능한 폴리에틸렌테레프탈레이트 polyethylene terephthalate, 이하 PET, 폴리프로필렌 polypropylene, 이하 PP 소재를 쓰고 문짝에는 냉장고나 자동차 부품에 쓰이던 ASA Acrylonitrile Styrene Acrylate를 적용하기도 한다.

용어정리

1) CNC(Computer Numerical Control): 컴퓨터 수치 제어의 약자로, 컴퓨터로 데이터를 변환하여 제품을 자동으로 가공하는 방법을 뜻한다.
2) HB 인증마크: 건축자재에서 유기화합물(TVOC, HCHO)을 방출하는 정도를 시험해 한국공기청정협회에서 부여하는 단체표준인증 등급.
3) 휘발성유기화합물(TVOC, Total Volatile Organic Compounds): 대기 중에 휘발돼 악취나 오존을 발생시키는 탄화수소화합물. 피부 접촉이나 호흡기 흡입을 통해 신경계에 장애를 일으킨다. 벤젠, 포름알데히드, 톨루엔, 자일렌, 에틸렌 등을 통칭한다.

품질을 검사하고 도장하는 공정은 여전히 사람이 직접 작업하며 제품의 완성도를 높인다.

빌트인 가구 생산 과정

공장에서는 다섯 가지의 공정이 일직선으로 이어지며 운영된다. 200m 길이의 설비를 따라 원자재는 새 옷을 입고 단장해 가구가 될 준비를 마친다.

1 원자재 각각의 자재에는 생산 국가와 일자, 등급이 도장 찍혀 있다. 생산 공정에 들어가기 전, 실험실에서 포름알데히드의 방출량이 기준을 만족하는지 한 번 더 테스트해 품질을 검증한다.

2 성형 구조재에 접착제를 바르고 표면재를 붙이는 과정. 열을 가하거나 압착하는 두 가지 방법이 있다. 후자의 경우 여름철에는 5분, 겨울철에는 10분 정도 압착한다.

3 재단 성형을 마친 자재를 규격대로 자른다. 대형 재단기와 소형 재단기가 있어 세밀한 작업은 소형 재단기가 한다. 재단하면서 나오는 먼지는 연결된 배관을 통해 바로 흡입한다.

4 가공-엣지 마감 조립이 끝났을 때 노출되는 부분이 없도록 절단면이나 모서리에 표면재를 붙인다. 시공 과정에서 노출되는 부분까지 모두 마감하는 것을 원칙으로 한다.

5 가공-보링 구멍을 뚫는 공정. 아래에서 위로 뚫는 것을 기본으로, 옆에서 뚫는 것도 가능하다. 제품이 다양할수록 간격이 일정하지 않고 여러 방향으로 뚫려 공정이 복잡해진다. 얼마나 다양한 보링을 소화하느냐가 생산의 관건이다.

6 포장 상자를 접고 하나의 가구 제품에 들어갈 부재를 채운다. 마지막 검수를 제외하고 테이핑부터 적재까지 자동화 공정으로 로봇이 담당한다.

2

BUILT-IN FURNITURE IN SPACE

2.1 Built-in Furniture in Served Space

2.1.1 Built-in Furniture in Living Space

2.1.2 Project 1

2.1.3 Project 2

2.2 Built-in Furniture in Serving Space

2.2.1 Built-in Furniture in Kitchen

2.2.2 Interview

2.2.3 Built-in Furniture in Bathroom

2.2.4 Reportage

Built-in Furniture in Served Space

생활하는 주거 공간의 빌트인 가구

주거 공간에서 빌트인 가구의 가장 큰 역할은 수납이다. 다양한 디자인과 방식으로 계획된 가구는 여러 물건을 수납해 깔끔한 환경을 만들고 생활의 편리함을 높인다. 아파트와 역사를 함께해온 붙박이장의 변천사부터 최근의 트렌드까지, 일상생활이 이루어지는 주거 공간의 빌트인 가구를 소개한다.

글 정경화

Built-in Furniture
in Living Space

공간은 아끼고, 수납은 늘리고

주거 공간의 빌트인 가구는 아파트 평면에 따라 많은 영향을 받아왔다. 라이프스타일이 다채로워지고 수납하는 물건이 늘면서 최근에는 그 종류가 더 다양해졌다. 거실, 서재, 침실 등 가족이 생활하고 휴식하는 주거 공간 속 빌트인 가구의 변천사와 종류를 소개한다.

글 정경화

주거 공간과 가구의 변천사

붙박이장이라는 단어가 처음 나타난 것은 아파트가 등장하면서부터다. 지하실, 다락이 창고의 기능을 겸했던 단독주택과 달리 공동주택인 아파트는 마당이나 지하실, 다락이 없고 수납공간이 부족했기에, 남는 공간을 활용하는 붙박이장을 적극적으로 도입한다. 그러나 이러한 분위기에도 불구하고 대부분은 장롱을 사용했다. 아파트가 보편적인 주거 형태로 자리잡은 1990년대가 되어서야 붙박이장은 장롱의 인기를 제치기 시작한다.

 IMF 금융위기 이후 아파트 건설 시장이 몇몇 대기업 중심으로 재편되면서 브랜드 아파트라는 한국만의 독특한 주거 문화가 형성된다. 건설사는 거실, 다이닝 공간과 주방이 하나로 뚫려 합쳐진 LDK 형태 등의 새로운 평면을 선보이며 경쟁했고, 이때부터 본격적으로 빌트인 가구가 발달한다. 현관의 신발장과 서재의 책장 등 붙박이장의 원리를 바탕으로 여러 용도와 기능, 평면의 변화에 대응하는 수납장이 새로 개발되었다. 이제는 책상과 화장대 같은 독립식 가구도 붙박이장의 일부로 넣거나 모듈형 빌트인 가구로 계획해 공간을 절약하고 완결성을 높이고 있다.

거실과 다이닝 공간, 주방이 하나로 뚫려 있는 LDK 형태의 주거 공간.

생활하는 주거 공간의 빌트인 가구

붙박이장

움직일 수 없이 고정된 장을 뜻한다. 서양에서 도입된 개념으로, 원래는 건축 단계에서 벽면 안쪽을 파내 미리 공간을 만들고 제작하는 고정형 가구지만 국내에서는 이미 있는 공간에 맞추어 가구를 짜 넣는다는 의미가 더 크다. 이사할 때 전에 쓰던 가구를 갖고 다니는 문화에 맞추다 보니 필요에 따라 조립하거나 분해할 수 있도록 만들어졌다.

    붙박이장의 대표적인 장점은 공간에 딱 맞추어 제작해 벽면 전체를 수납장으로 활용한다는 점이다. 사용자의 생활에 맞추어 내부 공간을 구획해 효율적으로 쓸 수 있고, 틈새가 남지 않아 먼지 걱정이 없다. 단점은 한번 설치하면 다른 곳으로 옮기기 힘들다는 점이다. 또 공간에 밀착해 있는 만큼 결로가 생기기 쉬워 습기가 맺히거나 곰팡이가 번식할 수 있다.

거실의 여닫이형 붙박이장.
소파 뒤쪽 벽면 전체를
수납공간으로 활용한다.

모듈형 가구는 수납하는 물건의 종류와 양에 따라 조합을 다양하게 바꿀 수 있는 것이 장점이다.

붙박이장은 문을 여닫는 방식에 따라 크게 미닫이형과 여닫이형, 접이식과 개방형으로 나뉜다. **미닫이형 붙박이장**은 문이 열리는 데 필요한 면적이 적은 방법으로 좁은 공간에서 진가를 발휘한다. 적은 힘으로 손쉽게 문을 열 수 있어 편리하고, 문짝을 크고 넓게 만들어 공간을 시원시원하게 연출할 수도 있다. **여닫이형 붙박이장**은 문을 앞으로 당겨 여는 방식으로 가장 보편적이다. 문을 열고 닫는 공간을 확보해야 하지만 큰 물건을 쉽게 넣고 뺄 수 있다. 미닫이형보다 하드웨어 가격이 저렴하고, 고장 날 확률이 더 적다. 문짝이 접히면서 열리는 **접이식 붙박이장**은 국내보다는 유럽에서 많이 쓰인다. **개방형 붙박이장**은 일부만 드러내 필요에 맞게 수납하는 **부분 개방형**과 모두 드러내어 한눈에 물건을 찾을 수 있는 **전면 개방형**이 있다.

모듈형 가구
레고 블록처럼 단위 모듈을 쌓아서 구성하는 방법으로, 공간에 맞추는 빌트인 가구의 장점과 사용자가 필요에 따라 바꿔 쓸 수 있는 모듈의 장점을 조합했다. 나만의 공간을 추구하는 요즘의 추세에 맞춰 사용자가 직접 조합해 공간의 분위기를 스스로 바꿀 수 있는 것이 장점이다.

예를 들어 한샘의 모듈형 가구는 폭 450, 600mm, 높이 300mm를 기본 규격으로 하고, 공간의 크기나 수납 면적에 맞게 1단부터 6단까지 조합한다. 현관에 수납이 많이 필요하면 6단으로 벽면을 가득 채우고, 그렇지 않으면 한 단만 놓아 수납장 겸 벤치로 쓸 수도 있다.

가구 업체에서는 수납하는 물건이 다양해짐에 따라 긴옷 타입, 거울 타입, 시계 컬렉션장, 테이블을 겸하는 타입 등 여러 가지 유형을 개발한다. 제품마다 비슷한 색상과 디자인을 갖춰 공간의 통일감을 높이는 데도 기여한다.

미닫이형 붙박이장은 필요에 따라 벽처럼 보이면서 여닫는 면적을 적게 차지해 공간을 더 깔끔하게 쓸 수 있다.

붙박이장 선택 가이드

I 소재

인테리어의 일부처럼 보이는 흰색이나 회색 계열의 무광 소재를 선호한다. 사용자가 원하는 분위기나 디자인에 따라 콘크리트나 석재, 타일을 시도하기도 한다. 콘크리트 문짝은 목재로 만든 틀에 콘크리트를 얇게 입혀 만들고 석재 문짝은 무늬목처럼 석재를 3mm 정도의 두께로 얇게 켜서 바탕재에 붙인다. 여러 소재 중에서도 대리석 같은 천연 소재가 인기인데, 자원에 한계가 있고 품질을 일정하게 유지하기가 어렵다보니 가구 업체에서는 천연 소재를 닮은 신소재를 적극적으로 찾는다.

II 디자인과 트렌드

예전에는 침실의 한쪽 벽면을 전부 붙박이장으로 채웠다면 이제는 공간을 적절히 비우면서 배치한다. 가전제품의 전원을 가구에 바로 연결해 쓸 수 있도록 수납장에 콘센트를 매입하는 것은 필수다. 현관장은 걸어 들어가 물건을 수납하는 워크인 클로짓walk-in closet 형태로 바뀐다. 주 52시간 근무제도가 시행되면서 늘어난 여가 생활을 위한 스노보드, 자전거 등의 레저용품을 보관한다. 한샘 공간패키지개발팀 민소라 차장은 "최근 거실에는 TV장을 가볍게 놓는 추세"라며 "TV가 있는 공간은 벽면에 아트월로 포인트를 주는 정도로 깨끗하게 비우고 소파 뒤쪽 벽면에 미닫이형 붙박이장을 설치한다"고 설명했다. 필요에 따라 벽처럼 보이면서 여닫는 면적을 적게 차지하고, 발코니가 확장하면서 없어진 창고를 대체하는 역할도 한다.

III 규격

KS기준에서는 붙박이장의 규격을 너비 2,100mm 이상, 깊이는 300, 450, 600, 750, 900mm 단위로 정하고 있다. 높이는 대부분 아파트의 층고에 맞춘 2,200~2,400mm 정도다. 수납장 구획의 경우, 무거운 물건은 꿇어 앉아 꺼낼 수 있는 정도인 100~600mm, 서랍은 600~800mm 정도의 높이가 적당하다. 항상 쓰는 물건은 800~1,200mm 정도의 위치에 두어 손이 쉽게 닿게 하고 사용빈도가 높은 것은 1,200~2,000mm, 낮은 것은 2,000~2,500mm 높이에 둔다.

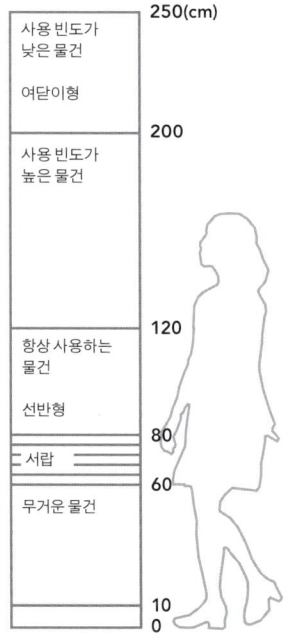

수납가구의 기능별 적정 높이

Built-in Furniture in Space

붙박이장을 해치는 결로

붙박이장은 보통 침실의 가장 넓은 벽면에 설치하는데, 대개 외기에 직접 면하는 측벽인 경우가 많아 겨울철에 표면온도가 더 낮아진다. 또 욕실과 가까이 있어 습도가 높은 편이다. 벽면에 밀착해 있어 공기 중의 습기가 정체되기도 쉬워, 가구의 뒤판이나 가까운 벽체 표면, 천장과 바닥에 결로가 생길 가능성이 높다. 결로는 바닥, 벽체 등의 표면이나 내부 온도가 이슬점보다 낮아졌을 때 공기 중의 수증기가 물방울로 맺히는 현상으로, 마감재를 비롯해 가구의 형태, 수납한 물건까지 손상시킨다.

결로는 그 원인이 복합적인 만큼 계획과 시공 단계, 생활에서 주의가 필요하다. 계획 단계에서는 뒤판과 벽체 사이를 충분히 띄우는 것이 중요하다. 일반적으로 10~30mm 정도 이격하도록 규정하는데, 다인디자인그룹 김명재 이사는 "공간에 여유가 있다면 최소 20mm는 확보하는 것이 안전하다"고 말한다. 시공 단계에서는 가구가 닿는 벽면 구조체에 단열재를 법적 기준보다 더 두껍게 설치하고, 붙박이장이 놓이는 바닥에도 바닥난방을 빠짐없이 시공한다. 이와 같은 방법으로 가구가 설치된 공간의 온도를 높임으로써 상대습도를 낮춰 결로를 줄일 수 있다. 가구 제작 단계에서는 뒷면에 지름 90mm 정도의 환기구를 설치하거나 가구 아래의 걸레받이 부분에 구멍을 내 공기가 오가는 틈을 만들기도 한다. 실생활에서는 주기적인 환기가 가장 중요하며, 냉난방을 할 때는 최대한 온도를 급격하게 조절하지 않는 것이 좋다.

빌트인 수납장과 책상, 침대까지 하나의 분위기로 배치한 아이방. 붙박이장의 옆면은 화장대 겸 수납 기능을 하는 엔드장으로 계획했다.

빌트인 가구의 다양한 표면 마감

빌트인 가구는 대부분 파티클보드, 중밀도 섬유판 등의 가공목재를 구조재로 하고 그 위에 표면재를 마감해 만든다. 가구의 외관을 결정하는 여섯 가지 표면재를 접착제의 사용 유무로 구분하여 소개한다. 접착제를 쓰는 표면재를 골랐다면, 포름알데히드를 방출하지 않는 친환경 접착제를 사용했는지도 함께 확인하자.

접착제를 쓰지 않는 방식

저압 화장판

LPM Low Pressure Melamine이나 LPL Low Pressure Laminate이라는 이름으로 더 익숙한 소재다. 무늬를 인쇄한 모양지에 멜라민 수지, 요소 수지를 함침하고 높은 온도와 압력을 가해 접합한 시트를 뜻한다. 성형 과정에서 10~20kg/cm^{2}의 낮은 압력으로 접착해 저압 화장판이라 부른다. 가공목재에 접합하는 과정에서 접착제 대신 높은 온도와 압력을 가해, 모양지에 스며들어 있던 수지가 녹아 나와 서로 붙게 한다. 반무광, 무광 등으로 광도를 조절할 수 있고, 외부 충격에 강해 붙박이장, 수납장 상판 등 다양한 가구에 폭넓게 쓰인다.

도장

표면에 페인트를 칠해 마감하는 방식. 부위에 따라 건조시킨 다음 표면을 갈아내고 다시 도장하는 과정을 1~6회 정도 반복한다. 반복 횟수에 따라 평활도, 부드러움, 광택이 달라진다. 이처럼 사람의 손을 거치는 작업이 많다 보니 가격이 높다. 먼지를 쉽게 닦아낼 수 있고, 강도가 높아 충격이나 흠집에 강하다. 가구 도장은 광택의 정도에 따라 가장 광택도(G)가 높은 **피아노 도장**, 그 다음으로 하이그로시 도장이라 불리는 **고광택 도장**, 요즘 빌트인 가구에 많이 적용되는 **반광 도장**과 **무광 도장**으로 나뉜다. 광택도가 91 이상인 고광택 도장은 플라스틱이나 거울처럼 투명한 느낌으로 공간이 더 넓어 보인다(감04 페인트 편 p.47 참고). 틈새나 요철 위에도 칠할 수 있어 몰딩이 있는 주방 가구나 붙박이장 문짝에 많이 쓰인다.

접착제를 사용하는 방식

플라스틱 시트
폴리염화비닐polyvinyl chloride, 이하 PVC, PP, PET 등의 소재로 만든다. 최근에는 불에 태우면 유해물질을 방출하는 PVC를 지양하고, 재활용이 가능하고 회수율이 높아 친환경적인 PP나 PET를 쓴다. PET는 흠집이 덜 생기고 열에 강해 하자가 적다. 단점은 플라스틱이다 보니 정전기가 생겨 먼지가 잘 붙는다.

고압 화장판
HPM High Pressure Melamine, HPL High Pressure Laminate 등으로 더 많이 불린다. LPM과 마찬가지로 모양지에 멜라민 수지, 페놀 수지 등 열경화성 수지를 함침해 만든다. 성형 과정에서 35~50kg/cm² 이상의 높은 압력으로 강하게 접착해 고압 화장판이라 부른다. 차이점은 LPM과 달리 모양지에 크래프트지 같은 단단한 심재를 붙여 두께를 조절할 수 있고 가공목재에 접합할 때 접착제로 붙인다. 저압 화장판보다 강도가 높고 가격도 더 비싸다. 주로 책상, 주방 가구 등의 상판에 쓰인다.

멤브레인
구조재 표면에 접착제를 뿌리고 말린 후에 비닐 시트를 깔고 진공흡착하여 마감한다. 필름이 자체적으로 늘어나고 강한 압력으로 흡착하기 때문에 굴곡이 심한 부분까지 말끔하게 감싼다. LPM이나 HPM은 평평한 표면에만 적용할 수 있는 반면 이 방법은 곡면이나 요철이 있는 표면에도 마감이 가능해 문짝에 쓰는 경우가 많다. 그러나 자세히 보면 표면이 비닐처럼 지나치게 매끄럽고 필름이 벗겨지면 보수가 어렵다. 요즘에는 많이 쓰지 않는 편이다.

무늬목
원목을 0.5mm 내외의 두께로 아주 얇게 켜낸 재료로, 합판이나 중밀도 섬유판에 붙여 쓴다. 무늬를 흉내내는 것이 아니라 실제 목재로 만들어 자연스럽다. 원목 가구의 느낌을 살리면서도 가격이 저렴하고, 관리가 어려운 원목의 단점을 보완한다. 가공 방법과 무늬목의 수종, 두께에 따라 가격이 달라지고, 도장과 연마 작업을 거치므로 가구의 가격이 비교적 높다(감01 목재 편 p.48 참고).

+ TIP
전문가가 아닌 이상 육안으로 표면재 종류를 뚜렷하게 구분하기는 어렵다. 가구 업체는 홈페이지에 제품을 옆판, 뒤판 등으로 나누어 각각의 구조재와 표면재 종류, 두께 등 사양을 기재하고 있으니 궁금하다면 들어가 확인해 보자.

PROJECT 1

움직이는 가구로 공간을 진화시키다

아키텍처 워크숍 PC

사람이 많이 모이는 대도시의 부동산 가격은 하늘을 모르고 치솟는다. 특히 뉴욕은 세계적으로도 지가가 높은 도시다. 1m²의 면적도 비용으로 직결되기에 설계사무소는 가능한 한 효율적으로 공간을 활용하는 방법을 늘 고민한다. 아키텍처 워크숍 피씨Architecture Workshop PC는 이 문제에 대한 해결책으로 '움직이는 빌트인 가구'를 제안한다. 그들은 지난 몇 년 동안 빌트인 가구를 연구하고 뉴욕의 크고 작은 주거 공간에 적극적으로 적용하면서 노하우를 쌓아왔다. 글 정경화

고정된 가구에 움직임을 더하다

빌트인 가구는 사용자의 생활에 맞춘 기능적인 디자인으로 활용도 높은 나만의 공간을 완성한다. 미국의 주거 공간에서 빌트인 가구가 차지하는 비중은 절대적으로 높지는 않지만, 한국과 마찬가지로 초소형 아파트나 협소 주택 등 소형 주거 공간이 늘면서 점점 더 인기를 끌고 있다. 건축가 로버트 가르노Robert Garneau, Architecture Workshop PC 대표는 "붙박이장 같은 빌트인 가구는 이미 흔한 개념"이라며 "우리는 여기에 '움직임'을 더해 기능과 독창성을 더욱 높였다"고 말한다.

그가 제안하는 빌트인 가구는 뉴욕 첼시 지역에 계획한 주거 공간인 '피봇pivot(2015)'에서 여실히 드러난다. 중심축을 뜻하는 이름처럼 이곳의 핵심 아이디어는 길이 2.5m에 달하는 거대한 회전벽pivoting wall이다. 평소에는 거실 벽면의 평범한 수납장이지만 살짝 당기면 가볍게 열리면서 파티션과 침실을 뚝딱 만들어낸다.

건축가 로버트 가르노는
37m²의 면적을 효과적으로
쓰기 위해 공간을 분리하는
회전벽을 계획했다.

10명이 파티하고 6명이 자고 가는 37m²의 공간

건축주의 요구는 간단했다. 10명이 모여 파티를 하고 6명이 자고 갈 수 있는 공간, 그리고 작업실, 서재, 효율적으로 꾸려진 작은 주방이 있을 것. 문제는 이곳의 면적이 37m²에 불과하다는 점이었다. 그는 식사와 파티를 위한 넓은 공간을 두되, 필요할 때 일부를 침실로 분리하는 회전벽을 계획했다. 협소한 공간에서 가능한 한 많은 면적을 확보하고자 침실에는 들어 올려 벽에 수납하는 접이식 침대를 적용했다. 가구와 파티션을 차곡차곡 접으면 하나의 벽이 된다. 또 침대가 고정된 벽면과 회전벽은 수납장으로 꼼꼼히 채워 부족한 수납을 보완했다. 그는 빌트인 가구에 대해 "하나의 용도로 제한된 전형적인 공간에 여러 기능의 레이어를 덧대는 작업"이라 표현하며 "130mm 두께의 벽체는 공간을 차지할 뿐이지만 이를 300mm 깊이의 빌트인 수납장으로 만들면 수납까지 함께 해결한다"고 설명한다.

Pivot

설계 아키텍처 워크숍 PC (스튜디오 가르노)
위치 미국 뉴욕주 뉴욕시 201 West 16th Street
면적 37m²
주요 마감 플라스터 페인트, 물푸레나무 바닥재
완공 2015년 3월
사진 Robert Garneau

가구 소재 흰색 페인트, 물푸레나무 합판
가구 제작업체 룸 메이커(접이식 벽침대) – 시코
　　　　　　 워드로브 리프트(하드웨어) – 헤펠레

식사와 파티를 위한 넓은 공간은 회전벽이 열리고 나면 아늑한 침실과 거실로 분리된다.

움직이는 가구로 구현한 새로운 원룸

좁은 공간에 효율적으로 수납하기 위한 아이디어는 집안 곳곳에 숨어 있다. 침대 양쪽의 자투리 벽면은 원래 수납장으로 활용하기 어려운 크기였으나, 옷걸이 봉을 당겨서 꺼내는 시스템을 적용해 제몫을 다하는 공간으로 탈바꿈했다. 공간이 충분했던 현관 수납장은 문의 깊이를 300mm로 늘려 액세서리와 신발을 넣는 수납장을 추가로 계획했다. 주방 작업대 벽면에는 자주 쓰는 주방용품을 보관하는 수납장을 마련하고, 위아래로 열리는 미닫이문을 달아 평소에는 숨기고 필요할 때만 들어 올려 쓸 수 있게 했다.

빌트인 가구를 구현하는 데 있어 가장 신경 쓴 부분은 바로 시각적인 틈이다. 회전벽의 일부는 열린 선반으로 계획하고, 물건을 진열해 공간의 초점을 만들었다. 일부는 창문으로 뚫어 거실과 침실을 시각적으로 연결하고 채광이 되도록 했다. 간간이 목재 소재나 스팟 조명을 배치해 포인트도 적절히 두었다.

가구의 기능을 구현하고 활용도를 높이는 장치로 하드웨어의 역할도 빼놓을 수 없다. 벽침대는 미국의 모바일 가구 제조업체인 시코^{Sico}의 룸 메이커$^{Room\ Maker}$ 제품을, 옷걸이를 당겨 내리는 수납장에는 헤펠레의 리프트 제품을 적용했다. 2.3m에 달하는 회전벽의 높이를 지지하는 힌지는 지름 1in의 철재 하드웨어로 맞춤 제작했다. 회전벽의 무게는 아래에 보이지 않도록 숨겨둔 4개의 산업용 바퀴$^{caster\ wheel}$가 지탱한다. 또 다른 중요한 디테일로 손잡이를 꼽은 그는 "금속 하드웨어를 달아 포인트를 주기보다는 눈에 띄지 않도록 안으로 절곡하는 디자인을 즐겨 쓴다"고 덧붙였다.

현관 수납장은 문의 깊이를 300mm로 늘려 신발을 넣는 수납공간을 추가로 계획했고, 침대 양쪽의 수납장에는 옷걸이 봉을 당겨 꺼내는 시스템을 적용해 자투리 공간까지 빠짐없이 활용했다.

넓은 면적 전체를 한 공간으로 쓰는 스튜디오 아파트에서 빌트인 가구는 때에 따라 공간을 분리할 수 있어 그 쓰임이 더욱 빛을 발한다.

기능은 다양하게, 경험은 풍부하게

가구는 고정값이지만 여기에 이동이라는 변수를 더하면 공간을 다르게 이용할 여지가 생긴다. 특히 원룸처럼 넓은 면적 전체를 한 공간으로 쓰는 스튜디오 아파트가 많은 뉴욕에서 움직이는 빌트인 가구는 수납하면서 때에 따라 공간을 분리할 수도 있어 그 쓰임이 더욱 빛을 발한다. 그는 다양한 빌트인 방식 중에서도 움직이는 가변형 가구를 즐겨 쓰는 이유에 대해 "여러 기능을 동시에 하는 것도 중요하지만 사용자가 공간을 다양한 모습으로 풍부하게 경험할 수 있다"고 설명한다. 접이식 침대는 바닥 면적을 확보해 더 넓은 방을 만들고, 가변형 테이블은 필요에 따라 높이를 높인 카운터 탑이나 상판을 펼쳐 넓은 다이닝 테이블이 되어 여러 용도에 대응한다. 그는 이에 덧붙여 "공간에 변화를 줌으로써 극적인 효과를 주는 것에도 흥미가 있다"며 "이를테면 회전벽은 거실과 침실을 분리하는 파티션 외에도 양쪽의 마감재를 흰색 페인트 도장과 밝은 색감의 물푸레나무 ash, 애쉬 로 다르게 해 거주자는 새하얀 로프트와 숲속의 오두막이라는 상반된 공간을 동시에 경험한다"고 설명한다.

빌트인 가구는 일반적인 방법보다 시공 비용이 더 많이 들지만, 공간을 사용하는 입장에서 가치를 비교하면 오히려 절약하는 방법이다. 그는 움직이는 빌트인 가구를 적극적으로 접목해 새로운 주거 공간을 제안한다. 가구의 경계를 넓힘으로써 사용자로 하여금 더 다양한 공간을 경험하게 한다. 프로젝트에 적용된 기술과 아이디어를 그대로 좇기보다 우리의 공간과 생활에 맞는 가구는 어떤 모습일지 한 번 더 고민해볼 필요가 있다.

아키텍처 워크숍 피씨(Architecture Workshop PC)
미국 뉴욕을 기반으로 활동하는 설계사무소. 다양한 용도의 공간을 작업하며 진보적이고 효율적인 디자인을 추구한다. Pivot, Transformer, Lantern 등 빌트인 가구를 활용한 주거 공간을 다수 완성했다. 공동 설립자이자 대표인 로버트 가르노는 뉴욕주의 건축가로, 컬럼비아 대학교와 프랫 인스티튜트에서 교수로 재직 중이다. www.aw-pc.com

PROJECT 2

거주자의 생활이 담긴 가구를 짓다

KC 디자인 스튜디오

대만 타이베이에서 활동하는 KC 디자인 스튜디오가 디자인한 주거 공간에는 언제나 빌트인 가구가 등장한다. 물리적인 조건과 건축주의 라이프스타일을 고려해 계획한 빌트인 가구는 공간을 쓸모 있게 활용하면서 생활의 질을 한층 높이는 똑똑한 주인공이다. 글 정경화

디자이너의 반전 무기, 빌트인 가구

타이베이의 주거 환경은 여러 면에서 서울과 닮았다. 집값은 고공행진을 거듭하고 20~30대 1인 가구는 갈수록 늘어난다. 대부분 협소한 원룸이나 스튜디오에서 거주하다 보니 좁은 공간을 잘 활용하는 것은 점점 더 중요해진다. 공간의 일부가 되어 면적을 적게 차지하면서 다양한 기능을 하는 빌트인 가구는 답답한 상황을 반전할 수 있는 요소다.

KC 디자인 스튜디오는 여느 디자이너보다 빌트인 가구를 더 적극적으로 활용한다. 그 이유에 대해 건축가 천타 차오 Chun-ta Tsao, KC 디자인 스튜디오 공동대표 는 "건축주는 누구나 주어진 면적을 최대로 쓰기를 원하기에 공간을 절약하는 방법을 제시하는 것이 중요한데, 이 점에서 빌트인 가구는 최적의 도구다. 특히 가구는 대부분 제품이어서 선택의 폭이 제한되지만 빌트인 가구는 직접 디자인하기 때문에 디자이너에게 더 흥미로운 존재"라고 설명한다.

아파트먼트 X는 빌트인 가구가 공간의 주연으로 등장해 46m²의 면적을 구석구석 활용한다.

Built-in Furniture in Space

Apartment X

설계 KC 디자인 스튜디오
위치 대만 타이베이
면적 46m²
주요 마감 목재, 페인트
완공 2018년 7월
사진 Hey!Cheese

가구 소재 철제 강판

공간은 절약하고 기능은 두 배로 담다: 아파트먼트 X

KC 디자인 스튜디오에서 디자인한 대만 타이베이의 협소 주거 공간, 아파트먼트 X(2018)는 빌트인 가구가 주연으로 등장해 46m²의 면적을 구석구석 활용한다. 가장 먼저 눈에 띄는 것은 격자 모양으로 만든 철재 파사드. 침실로 올라가는 계단이자 난간이면서 TV 수납장까지 겸하는 가구다. 좁지만 높은 층고가 매력적인 공간은 이 철재 가구를 중심으로 침실, 작업실로 이루어진 복층 공간과 층고를 유지해 탁 트인 주방으로 나뉜다. 주방은 평소에는 하부장과 연결된 테이블을 넓게 펼쳐 두 명이 식사하는 공간으로 사용하고, 거실을 넓게 쓰고 싶을 때는 수납장의 상판이 되게끔 접어 넣는다. 가구의 아이디어와 작동 방식 모두 건축가가 직접 고안했다. 또 답답한 상부장 대신 후드와 같은 소재의 선반이 이어지도록 계획해 시원한 공간감을 살리면서 통일감을 더했다. 이외에도 내부가 보이는 수납장을 곳곳에 두었다. 특히 복층 공간의 한쪽 벽은 구멍을 뚫고 원하는 위치에 선반이나 수납장을 꽂아 쓸 수 있게 만들어 사용자가 공간을 채움에 따라 다른 분위기를 연출할 수 있다.

선반 형태의 수납장은 내부가 드러나 있어 사용자가 공간을 채움에 따라 다른 분위기를 낸다.

주방의 하부장과 연결된 테이블은 평소에는 넓게 펼쳐 식사하는 공간으로 사용하고, 거실을 넓게 쓰고 싶을 때는 수납장의 상판이 되게끔 접어 넣는다.

생활에 눈높이를 맞추다

그들이 공간을 계획할 때 가장 주의를 기울이는 부분은 사용자의 생각과 생활이다. 그러다 보니 자연히 생활과 가장 맞닿아 있고 사용자의 취향이 잘 드러나는 가구에 집중하게 되었다. 건축가 콴후안 리우 Kuan-huan Liu, KC 디자인 스튜디오 공동대표 는 "우리는 디자이너로서의 경험을 토대로 약간의 살을 덧붙일 뿐 공간은 모두 사용자의 요구를 기반으로 계획한다. 특히 빌트인 가구는 사용자의 다양한 행위를 고려하는 것이 가장 중요하다"고 말한다. 일례로 하우스 W(2016)를 디자인할 때는 건축주가 평소 주방을 쓰는 빈도와 행위를 비롯해 지금 사용하거나 구매 예정인 가전과 주방 물품까지 파악했다. 이를 바탕으로 계단 아래에 남는 공간을 차곡차곡 디자인해 건축주만을 위한 주방을 완성했다.

아파트먼트 X를 작업할 때는 동질성, 시간, 높이의 세 가지 기준을 정해 사용자의 행태를 분석했다. 동질성은 주방과 식사 공간처럼 기능, 용도가 비슷한 정도를, 시간은 TV를 보거나 밥을 먹고 이야기를 나누는 등 공간을 점유하고 의식적으로 사용하는 정도를 뜻한다. 높이는 그들이 특히 흥미로운 발견으로 꼽는 부분인데, 잠잘 때는 눕고 공간을 이동할 때는 서 있듯이 행위에 적정한 높낮이를 의미한다. 그들은 세 가지 기준에 따라 건축주의 생활을 파악하고 이를 적절한 체적으로 환산해 공간에 배치했다. 기본적인 구획이 정해진 뒤에는 동선이 겹치는 위치를 정리하고 동질성이 높은 공간을 모으면서 세부적으로 계획을 이어나갔다.

가구에 세심함을 더하다

이들이 디자인한 가구에는 흔히 쓰이는 목재 외에도 테라조, 아크릴 등 낯선 소재가 등장한다. 그중에서도 자주 보이는 재료는 금속이다. 천타 차오는 "바닥, 벽, 천장 등 대부분이 목재나 타일, 콘크리트로 이루어진 공간에 금속을 더할 유일한 기회는 가구"라며, "아파트먼트 X에서는 목재를 주로 썼고 벽과 드레스룸의 가구도 따뜻한 색감으로 작업했기에 균형을 맞추고자 금속을 적용했다"고 설명한다. 금속의 차가운 질감은 따뜻한 분위기를 중화하면서 현대적인 느낌을 더한다.

하우스 W에서는 공간에 빛을 들이는 방편으로 금속을 썼다. 이 건물이 위치한 곳은 해가 잘 들지 않고 안으로 깊은 형태여서 실내에 빛을 충분히 들이고 오래 머무르게 하는 것이 중요했다. 공간의 색상을 흰색으로 통일하고 빛을 반사하는 스테인리스 스틸로 주방 가구를 전부 마감했다. 차가운 느낌 때문에 주거 공간에서 넓은 면적으로는 잘 쓰이지 않는 재료이지만 이곳에서는 빛을 남기는 요소로 분위기를 반전시킨다.

그들은 "모든 트렌드는 수요에 대응하여 생겨난다"며 "어떤 트렌드가 시간이 지나도 사라지지 않는다면 그것은 사람들에게 더 살기 좋은 집이 되도록 작용했기 때문"이라고 말한다. KC 디자인 스튜디오가 빌트인 가구를 중심으로 계획한 주거 공간은 거주자에게 더 살기 좋은 장소를 제공하며 타이베이 곳곳을 새로이 채운다. 그들의 고민과 배려가 담긴 공간이 사라지지 않을 트렌드로 부상할 날도 머지않았다.

KC 디자인 스튜디오(KC Design Studio)
대만 타이베이에 뿌리를 둔 디자인 스튜디오. 주변 환경, 라이프스타일 등 주어진 상황의 문제를 해결하고 건축주와 적극적으로 소통해 일상에서 간과하던 순간을 공간으로 구현한다. 사람, 활동, 환경이 만들어내는 관계에 집중한 공간을 계획해 단순하지만 흥미로운 라이프스타일을 창조하는 것을 목표로 한다.
www.kcstudio.com.tw

©Sam Siew Shien

하우스 W에서는 계단 아래 공간에 주방 가구를 빌트인하고 스테인리스 스틸로 마감해 깔끔하면서도 밝은 분위기를 구현했다.

Built-in Furniture in Serving Space

기능을 담은 공간의 빌트인 가구

주방과 욕실은 편리한 주거 생활을 돕기 위해 존재하는 기능적인 공간이다. 이곳의 빌트인 가구는 가장 효율적인 배치와 기능에 최적화된 형태로 공간의 쓸모를 만들어낸다. 시대에 따라 변화하는 가구의 모습부터 최근의 트렌드까지 함께 알아보자.

글 정경화

Built-in Furniture in Kitchen

주방, 집의 중심에 자리 잡다

주방은 주택에서 가장 기능이 집약된 공간이다. 물건을 수납하고 좁은 공간을 활용하기 위해 만들어진 빌트인 가구가 빛을 발하는 곳이다. 주방을 이루는 빌트인 가구와 이를 선택할 때 고려해야 할 요소를 소개한다. 글 정경화

한국의 주방과 가구 변천사

전통적으로 주방은 실외에 딸린 별도의 공간이었다. 1962년 완공한 마포아파트에 싱크대가 설치되면서 처음 입식 부엌이 도입되었고, 1970년대 아파트의 보급과 함께 주방은 집 안으로 들어왔다. 당시 주방 가구는 개수대, 가열대, 조리대가 갖춰진 작업대와 수납장으로 이루어졌고, 위에는 스테인리스 스틸로 만든 상판이 얹였다.

1980년대에는 조립식 붙박이형 주방 가구인 **시스템 주방**이 등장한다. 음식을 만드는 동선에 맞추어 준비대, 개수대, 조리대, 가열대, 배선대가 일체화된 형태에 이음새가 없는 한 장의 상판으로 마무리해 효율을 더 높였다. 이전까지 주방 가구 시장이 스테인리스 스틸 싱크대를 생산하는 업체 중심이었다면, 시스템 주방의 등장과 함께 가구 몸체를 생산하는 업체들로 재편된다.

사회의 변화와 함께 주방에서의 생활도 빠르게 변했다. 서양의 식문화가 물밀 듯이 들어오면서 식탁 위의 5첩, 7첩 반상은 간소화됐고, 명절이나 김장 같은 행사도 간단해졌다. 문화의 변화는 곧 공간으로 이어졌다. 1990년대에는 냉장고, 가스레인지, 전자레인지 등의 가전이 보편화되면서 이들을 수납장에 매입하는 **빌트인 시스템**이 등장한다.

집의 면적이 줄면서 여성의 가사 공간으로 여겨지던 주방은 이제 함께 음식을 준비하고 이야기를 나누는 등 가족이 공유하는 공간이 되었다. 가족을 바라보는 방향으로 작업대를 배치한 아일랜드형 주방과 LDK 평면이 등장하면서 이러한 변화는 더욱 견고해졌다.

주방 가구는 사회의 변화에 빠르게 대응하며 더 편리한 모습으로 계속 발전해 왔다.

주방을 구성하는 빌트인 가구

 작업대

주방 공간의 배치는 요리, 설거지 등 작업이 일어나는 작업대를 중심으로 이루어진다. 높이는 키와 팔꿈치 높이를 기준으로 820~850mm 정도가, 폭은 손을 뻗었을 때 닿는 범위인 600mm 정도가 적당하다. 대부분 음식을 준비하는 단계에 맞추어 준비대-개수대-조리대-가열대-배선대 순으로 배치한다. **준비대**는 식자재를 손질하는 영역으로 냉장고를 포함한다. 냉장고는 보통 작업대의 처음이나 마지막에 배치한다. 물을 쓰는 **개수대**는 작업대에서도 중요하고 자주 쓰는 공간으로, 가장 중심에 위치한다. 다듬고 씻은 재료는 **조리대**에서 자르고 섞어 요리한다. 다음은 음식을 익히는 영역인 **가열대**다. 가스, 전기레인지, 오븐 등을 두고, 상부에는 환기 장치를 설치한다. 상판은 뜨거운 냄비를 올려놓을 수 있도록 내열성이 있는 소재로 제작한다. **배선대**는 완성된 음식을 그릇에 담고 옮기는 영역으로, 식사 공간과 바로 연결되는 위치가 좋다.

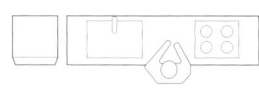

일자형 주방 한쪽 벽면에 작업대를 일렬로 배열하는 가장 기본적인 형태. 한눈에 작업 상황을 볼 수 있고 동선이 명확하다. 또 배관과 배선을 한쪽에 집중할 수 있어 경제적이다. 다만 좌우로 움직임이 많아지지 않도록 1.8~2.7m 정도의 길이를 유지하는 것이 좋다. 소규모 주택에 적절한 배치다.

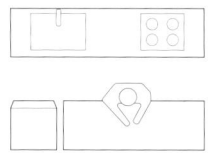

병렬형 주방 마주 보는 두 벽면에 작업대를 배치한다. 양쪽 벽면을 모두 수납공간으로 활용해 좁은 면적을 경제적으로 쓸 수 있다. 통로의 폭은 0.9~1.5m 정도가 적당하다. 몸을 앞뒤로 바꾸면서 작업해야 하고, 작업대 사이의 공간이 다른 곳을 오가는 통로로 쓰일 수 있는 것이 단점이다.

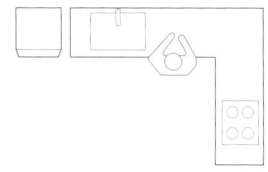

ㄱ자형 주방 직각으로 만나는 두 벽면에 작업대를 ㄱ자형으로 놓는 형태. 80~100m²(25~30평) 규모의 집에서 많이 보인다. 일자형보다 동선이 짧으면서 작업, 수납공간이 여유롭고, 작업대를 배치하지 않은 나머지 두 벽면을 식사 공간으로 쓸 수 있다.

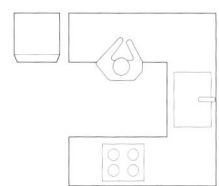

ㄷ자형 주방 작업대를 ㄷ자형으로 배치한 형태로 병렬형과 ㄱ자형이 섞였다. 수납공간이 넓고, 냉장고, 개수대, 가열대를 세 방향으로 나누어 배치하면 동선이 능률적이다. 식구가 많거나 손님을 자주 초대하는 넓은 집에 좋다. 그러나 모퉁이에서 공간이 낭비되므로 규모가 작은 집에는 권하지 않는다.

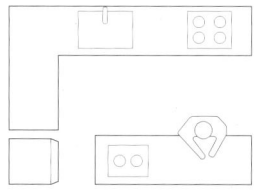

아일랜드형 주방 일자형, ㄱ자형, ㄷ자형 작업대에 섬처럼 하나의 작업대를 더 놓는 개방적인 배치. 가족과 마주 보고 요리할 수 있어 최근 가장 인기인 형태다. 아일랜드 작업대는 보통 오븐이나 전기레인지를 설치하고 간단한 요리나 식사를 하는 공간으로 쓴다. 넓은 개방형 주방에 효과적이다.

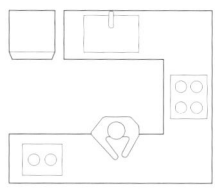

반도형(페닌슐라형) 주방 ㄷ자형 작업대의 한쪽 일부를 연장한 형태로, 주방 중앙으로 반도처럼 튀어나와 있어 반도형 주방이라는 이름이 붙었다. ㄷ자형의 기능성과 아일랜드형의 친밀함을 함께 갖췄다. 본래 넓은 평면에 적합하지만, 최근에는 가족이 모이는 주방이 트렌드가 되면서 좁은 집에도 적용된다.

주방의 빌트인 가구는 요리, 설거지 등을 하는 작업대와 가전이 매입된 수납장으로 이루어진다.

II 수납장

주방에는 요리와 식사를 위한 식기, 조리기구, 식품, 가전제품 등 물품이 다양하고, 이를 효율적으로 수납할 충분한 공간이 필요하다. 수납장의 종류는 위치에 따라 바닥에서 천장까지 활용하며 작은 물품을 주로 수납하는 **키큰장**, 작업대 위쪽 벽면에 고정하는 **상부장**, 작업대 아래의 **하부장**, 모퉁이에 위치한 **코너장**이 있다.

수납장은 내부의 물건을 한눈에 파악할 수 있고 손이 쉽게 닿는 범위 내에 있어야 한다. 작업 순서와 위치도 함께 고려해야 한다. 수납장의 깊이는 하부장은 550~600mm, 상대적으로 물건을 꺼내기 더 어려운 상부장은 290~330mm 정도가 알맞다. 선반은 높이를 조절할 수 있도록 제작해 사용자가 필요에 따라 바꿔 쓸 수 있는 것이 좋다. 싱크대 하부는 배관이 지나가는 공간을 제외하고 선반이나 서랍장을 짜 넣거나, 코너장에 인출식 선반을 설치하는 등 여러 아이디어를 도입해 자칫 버려질 수 있는 공간까지 구석구석 활용한다. 인출식 양념통장, 인출식 밥솥수납장 등 내부를 구획하는 방식도 여러 가지가 있으니, 수납장을 구매할 때에는 주방에서 주로 하는 행위와 빈도, 어떤 물건을 많이 수납하는지를 떠올려 보고 그에 맞는 가구를 선택하자.

키큰장은 바닥에서 천장까지 활용하며 작은 물품을 주로 수납한다.

주방의 빌트인 가구 선택 가이드

I 소재

주방에는 집의 규모, 가격대와 관계없이 깔끔한 흰색이 가장 인기다. 원목은 초기에는 압도적으로 인기 있는 소재였지만 요즘에는 중후한 멋으로 중·장년층이 선호한다.

주방은 물, 전기, 가스를 쓰는 곳이 함께 모여 있기에 소재를 선택할 때 더 세심한 주의가 필요하다. 업체에서는 발 빠르게 신소재를 개발하고 접목한다. 이탈리아의 가구 소재 제조업체, 아르파 인더스트리알레 Arpa Industriale에서 만든 신소재인 페닉스 FENIX는 HPM 계열의 표면재(p.49 참고)로, 리놀륨보다 강도가 6배 높다. 여기에 나노테크 코팅을 덧입혀 광택이 없음에도 지문이 묻지 않고 물과 오염, 열에도 강하다. 국내에는 한샘 키친바흐 제품인 페닉스의 상판과 수납장 문짝, 오블리크테이블의 나노컬렉션 시리즈 상판에 적용되었다.

II 디자인과 트렌드

최근 주방의 트렌드는 대형화다. 예를 들어 그릇을 찾을 때 여기저기 열어보는 답답한 상부장 대신 한 번 열어 한눈에 수납을 파악하는 대형 플랩장이나 긴 서랍장을 선호한다. 보통 길이가 600mm였던 서랍장은 이제 900mm가 보편화되었고 1,200mm나 1,800mm의 초대형 제품도 등장했다. 전체적인 디자인도 가로선을 강조하는 추세다. 크기가 커질수록 무게도 늘어나기 때문에 자동화 기능을 접목해 터치하면 열리거나 문의 하중을 지지하면서 적은 힘으로도 부드럽게 열리는 하드웨어가 계속해서 개발되고 있다. 오스트리아의 하드웨어 업체, 블룸에서 최근 개발한 서랍재인 팁온 블루모션 Tip-On Blumotion은 고가의 전기 장치 없이 가볍게 터치해 열고, 댐핑 시스템을 적용해 천천히 부드럽게 닫힌다.

주방의 소형 가전은 종류가 점점 더 다양해지고, 가구의 일부로 자리 잡는다. 식기세척기와 오븐에 이어 에스프레소 머신, 정수기도 수납장에 깔끔하게 매입한다. 주방이 파티나 모임을 위한 공간으로도 함께 쓰이면서 필요할 때 접이식 상판을 넓혀 쓰거나 높이를 조정할 수 있는 가변형 테이블도 늘고 있다.

높이를 조정할 수 있는 가변형 테이블은 여러 용도에 대응하며 요긴하게 쓰인다.

Interview

새로운 한국형 주방을 제시하다

한샘은 국내 주거 환경을 오랫동안 분석해 우리 생활에 최적화된 가구를 만들어 왔고, 특히 회사의 모태이기도 한 주방 공간에 집중해 왔다. 2006년에는 프리미엄 브랜드인 키친바흐를 론칭해 국내 하이엔드 주방 가구 시장을 주도하는 고가의 해외 브랜드에 도전장을 던졌다. 한샘 디자인실의 김윤희 상무를 만나 키친바흐가 구현하는 더 나은 주방을 물었다. 인터뷰 정경화 인터뷰이 한샘 디자인실 김윤희 상무 사진 제공 한샘

감씨(감): 프리미엄 주방 가구 브랜드인 키친바흐를 별도로 론칭했다. 기존 가구와 어떤 차이가 있나?
김윤희(김): 오늘날의 집에선 가족이 모이는 공간이 필요하다. 안방이나 서재가 재충전을 위해 휴식하는 공간이라면 주방과 다이닝 공간은 가족이 모여 대화하고 일상을 나누는 곳이다. 실제로 요즘 분양하는 아파트에서는 주방이 점점 더 넓어지고 집의 중심으로 이동한다. 키친바흐가 추구하는 주방 또한 단순히 집안일을 위한 곳이 아니라 집의 중심이 되는 공간으로, 132~200m²(40~60평형대) 규모의 주거 공간에 단품 가구가 아닌 잘 설계된 공간을 제안한다. 초기에는 많은 소비자가 같은 가격이라면 국내보다는 해외 브랜드를 선호했다. 하지만 10년여의 경험이 쌓이고 제품군이 다양해지면서 찾는 사람들이 늘고 있다. 올해에는 키친바흐로 계획한 주방에 어울리도록 욕실, 거실까지 함께 제안하는 주거 공간 패키지를 선보이려 한다.

감: 언급한 대로 국내 주방 가구 시장에서는 고가의 해외 브랜드가 인기다. 이들과 비교해 키친바흐만의 강점은?
김: 주방은 '지역성'이 강한 공간이다. 나라마다 식기의 크기부터 다르다. 가까운 중국, 일본만 비교해도 양념통 크기가 달라 국내의 수납장에는 맞지 않다. 하드웨어도 다르다. 예를 들어 지진이 잦은 일본의 주방 가구에는 진동이 오면 자동으로 작동되는 잠금장치가 적용된다. 아시아와 식문화가 다른 미국은 차이가 더 크다. 이를테면 미국의 오븐은 고기, 생선용과 디저트용이 구분되고 심지어 스팀 요리를 위한 스팀 오븐도 따로 있다. 이처럼 주방은 지역의 식문화, 생활 방식, 평균 인체 치수 등의 차이가 극명하게 드러나는 공간이다. 우리는 한국의 주방에 집중했다. 아파트 평면을 분석하고 실제 거주자를 인터뷰하여 어디서 장을 보고, 재료는 어떻게 보관하며, 조리와 설거지는 어떻게 하는지 생활과 행위를 깊이 연구했다. 폭넓은 사전 조사를 거쳐 국내 주방 공간에 최적화된 상품을 구현했다.

감: 국내의 주방 공간과 생활은 어떻게 변하고 있고, 이에 대응해 어떤 디자인 전략을 취하나?
김: 요즘에는 맞벌이하는 비율이 높아지면서 집에서 매일 끼니를 챙겨 먹지 않는다. 주부들도 주방에서 요리만 하는 것이 아니라 커피를 마시고 취미 생활을 즐긴다. 기능적인 역할이 중요했던 과거와 달리 가족이 모이고 대화하는 공간으로 바뀌고 있다. 이러한 변화에 맞추어 우리는 아일랜드 테이블을 핵심 요소로 구성해 조리 공간은 간소화하고 가족 공간을 넓힌 주방을 제안했다.

또 다른 아이디어는 상부장 대신 키큰장과 대형 밑장을 활용한 수납공간을 만든 것으로, 합리적인 수납과 편안한 사용감을 고민한 결과다. 요즘에는 주로 마트나 온라인 쇼핑몰에서 인스턴트 음식이나 저렴한 묶음 판매 상품을 대량으로 구매한다. 2~3일에 한

번씩 필요한 만큼만 장을 보던 예전보다 더 많은 수납공간이 필요하다. 상부장은 꼭대기층에 손이 잘 닿지 않아 비효율적이고 보기에도 답답하다. 상부장 대신 키큰장과 밑장을 한쪽 벽면에 집중적으로 배치하고 나머지는 비워 탁 트인 공간을 조성했다. 일부는 문이 달린 수납장 대신 그릇이나 찻잔을 진열하는 선반으로 변경하고, 밑장은 좀 더 편하게 열 수 있도록 서랍장이나 미닫이형으로 계획했다.

감: 제품의 유형과 각각의 특징은 무엇인가?
김: 공간의 규모와 소재, 함께 제안하는 가전의 종류에 따라 3, 5, 7시리즈로 나뉘고, 각각 1,000만 원대, 2,000만 원대, 3,000만 원대다. 자동차에 비유하자면 같은 차종에서 크기가 커지고 옵션이 늘어나는 개념이다. 일반적인 한샘 제품과 3시리즈의 차이는 대형 수납공간과 아일랜드 테이블로 구성된 플랜의 차별화다. 5, 7시리즈로 올라갈수록 하드웨어의 품질이 높아지고, 표면재는 도장, 무늬목이나 원목 순으로 천연재에 가까워진다. 표면재의 두께와 친환경 등급 등의 품질이 더 우수해지고 손잡이나 로고도 더 세심하게 처리한다. 가전도 오븐, 식기세척기 등 매입되는 기기가 늘어나고 더 고가의 제품을 선택한다.

우리는 가구뿐 아니라 바닥재, 욕실 패널 등 모든 인테리어 자재를 개발하지만, 별도의 프리미엄 브랜드가 있는 분야는 주방뿐이다. 까다로운 사전 검사와 생산과정을 거쳐 높은 품질을 구현하는 것 외에 차별화된 서비스도 제공한다. 문제가 생기기 전에 먼저 방문해서 확인하는 사전 점검 서비스로, 가구와 하드웨어부터 후드나 배수구까지 안전하게 오래 쓸 수 있도록 점검하고 보수한다.

감: 제품을 디자인할 때 가장 중요하게 고려하는 요소는 무엇인가?
김: 가장 중요한 것은 공간 계획이다. 좋은 소재를 쓰더라도 설계가 평범하면 빛을 발하지 못한다. 라이프스타일에 맞는 설계가 가장 중요하다. 그다음은 하드웨어다. 대형 수납장을 제안할 수 있는 것은 무게를 견디고 부드럽게 작동하는 하드웨어 기술을 확보했기 때문이다. 키친바흐의 핵심인 키큰장이나 대형 서랍장, 콤팩트한 조리대와 아일랜드 테이블의 조합을 구현하는 데 가장 필수적인 역할을 한다. 하드웨어는 대개 블룸, 헤펠레, 헤티히 등 유럽의 하드웨어 전문 회사에서 수입한다. 키친바흐는 블룸의 최고급 제품을 쓴다. 모두 문을 여닫고 하중을 버티는 테스트를 수만 번 넘게 거친 제품이다. 터치하여 오르내리는 콘센트나 스마트 TV를 설치한 리프트업 도어처럼 제품군이 따로 없는 하드웨어는 자체 개발하기도 한다.

매트한 마감과 목재의 따뜻한 색감이 어우러진 키친바흐3 페닉스 쿠킹 랩.

블룸의 하드웨어 제품을 적용해 부드럽게 열리는 키큰장과 대형 서랍장을 구현했다.

김윤희(한샘 디자인실 상무)
1995년 한샘에 입사하여 23년 동안 제품 개발과 전시 업무를 담당해 왔다. 2006년 DBEW 센터 수석 디자이너로 프리미엄 주방 가구 브랜드인 키친바흐를 론칭했고, 현재 한샘 최초의 여성 상무로 상품 디자인 개발 총 책임을 맡고 있다.

Built-in Furniture in Bathroom

욕실, 재충전의 공간이 되다

과거에는 집 밖에 따로 떼어놓는 별도의 공간이었던 욕실은 이제 거실, 침실, 주방과 같은 하나의 '실'이 되었다. 침실만큼 편안하고 작업실처럼 기능적인 모습도 속속 등장한다. 변화하는 욕실 공간과 빌트인 가구를 살펴보자. 글 정경화

욕실 공간과 가구의 변천사

욕실은 목욕실의 준말로 목욕하는 시설을 갖춘 공간이다. 전통 주거에서는 목욕이 부엌에서 이루어졌기에 욕실 대신 생리 기능을 담당하는 화장실만 있었다. 이마저도 비위생적인 공간이라 여겨 집에서 떨어진 대문 옆이나 마당 한편에 배치했다. 이후 서양의 문화가 유입되면서 욕실이 등장했고, 1962년 완공한 마포아파트에서 입식 부엌과 함께 처음으로 실내에 수세식 화장실이 등장한다. 아파트가 본격적으로 들어서면서 도기와 세면대가 함께 놓인 지금과 같은 모습이 나타났다. 그러나 초반에는 욕조가 없어 아파트 단지가 들어서면 단지 내에 공중목욕탕이 생기곤 했다.

1970년대 중반 이후에는 대규모 아파트 단지에 양변기와 욕조, 세면대를 한곳에 갖춘 유닛이 등장했다. 초기에는 미용, 세탁이나 김장 같은 가사 생활까지 함께 이루어졌다. 이후 탈의와 미용은 드레스룸과 파우더룸이 생기면서, 가사 작업은 보조 주방, 세탁실이 등장하며 욕실에서 분리되었다.

욕실 가구도 다른 주거 공간과 마찬가지로 인테리어 요소로서의 성격이 강해진다. 최근에는 세면기와 샤워기에서 수온이나 수압을 확인하거나 스마트 미러를 개발해 날씨나 시간을 표시하는 기술이 적용되며 휴식의 질을 한층 높이고 있다.

초기에는 세탁이나 가사 생활도 욕실에서 함께 이루어졌으나, 점차 세탁실과 보조 주방으로 분리되었다.

욕실의 빌트인 가구

수납장

설치하는 부위와 형태에 따라 벽 매립형, 상부부착형, 하부부착형, 이동형으로 나뉜다. **벽 매립형**은 벽 안으로 수납장을 완전히 매입하는 형태로 공간 활용도가 가장 높다. 공간이 협소해 가구를 따로 설치하기 어려운 경우에 적용한다. **상부부착형**은 세면대 위의 벽면에 부착하는 형태로 문에 거울을 달거나 문이 없는 선반 형태도 있다. 아파트에는 2면 수납장의 미닫이문에 거울이 부착된 제품이 가장 일반적이다. 내부에는 수건, 세안 용품 등 수납하는 물품이 떨어지지 않도록 가이드 바를 설치하고, 콘센트를 매입하거나 드라이기 거치대를 설치하는 등 다양한 용도에 대응한다. **하부부착형**은 세면대 아래의 벽면이나 바닥에 고정하는 형태다. 세면대 배수구가 있어 쓰지 못하는 영역을 세제, 청소 도구를 수납하는 여닫이장이나 크기가 작은 물품을 보관하는 서랍장으로 활용한다. 최근에는 세면대까지 가구에 매입하기도 한다. **이동형**은 바퀴를 달아 위치를 옮길 수 있다. 이외에 모서리가 만나는 부분에 설치하는 **코너장**, 도기와 세면대, 샤워기가 하나로 결합하여 더 편리한 **모듈형 시스템 가구**도 있다.

종류는 다양하지만 디자인은 아직 선택의 폭이 넓지 않다. 수납장 일부는 문을 달지 않고 소품이나 디퓨저를 전시하는 공간을 두어 사용자가 다양한 스타일을 연출할 수 있게 하거나 거울이 달린 키큰장을 배치해 전신을 볼 수 있게 하는 등 인테리어와 틈새 기능을 겨냥한 디자인이 점차 등장하고 있다.

욕실은 늘 물을 쓰는 공간이므로, 가구 소재의 방수가 중요하다. 1990년대 이전에는 합판이나 중밀도 섬유판으로 만들었으나 무겁고 습기에 약하기에 점차 이를 보완한 ABS 수지를 소재로 사용했다(p.24 참고). 요즘에는 내수성이 강한 폴리스티렌polystyrene 소재를 쓴다. 색상은 도기, 욕조와 일체감을 주고 공간이 넓게 느껴지는 흰색, 베이지, 회색 같은 연한색을 선호한다. 따뜻함이 느껴지는 목재 무늬도 인기다.

△△ 위로 들어올려 여는 문에 거울을 부착해 활용도를 높인 수납장.
△ 건축가 푸하하하프렌즈가 설계한 연희동 나홀로단독주택의 화장실. 삼각형 세면대를 설치해 협소한 면적을 효율적으로 활용했다.

세면대 배수구가 있어 쓰지 못하는 영역을 활용한 하부부착형 수납장.

한샘에서 제안하는
건식 욕실 패키지.

다시 뜨는 건식 욕실

건식 욕실은 공장에서 생산한 패널을 현장에서 볼트 접합과 같은 비교적 간단한 방법으로 조립해 완성하는 욕실을 일컫는다. 보통 바닥에 물이 닿지 않는 욕실을 건식 욕실로 보지만, 여기에서 다루는 개념은 시공 과정에서 물을 쓰지 않는다는 의미다. 기차나 비행기에서 볼 수 있는 일체형 화장실인 유닛 배스가 이에 속한다. 다음 장에서 소개하는 스타코의 조립식 욕실은 공장에서 조립까지 모두 완성해 현장에서 공간을 바로 설치하는 모듈러 공법으로 같은 건식 욕실이지만 한 단계 더 나아갔다.

   욕실의 마감재로 주로 쓰는 타일은 물을 쓰는 습식 방법으로 시공한다. 집의 내부 공사 가운데 제일 힘들고 먼지가 많이 날 뿐더러 오래 걸린다. 건식 욕실은 기존의 습식 공법보다 시공이 간단하고, 줄눈이 없어 청소나 유지 관리도 쉽다. 같은 면적의 욕실을 습식 공법과 건식 공법으로 일괄 시공했을 때, 습식 시공은 총 39개 공정으로 20일이, 건식 시공은 총 17개 공정으로 5일이 소요되었다. 한샘 디자인실 김윤희 상무는 "2014년도부터 하루 만에 욕실을 고친다는 캐치프레이즈와 함께 바닥과 벽체에 타일 대신 패널을 설치하는 건식 욕실을 도입했다. 처음에는 타일이 없는 욕실에 소비자들이 거부감을 느꼈지만, 이제는 많이 늘어 월 6,500세트 정도 판매한다"고 설명했다.

Reportage

선박의 조립식 욕실, 건축에 넣다

×

스타코 기본설계팀 전용언 차장

공장에서 유닛 형태로 생산하고 현장에서 설치만 하여 완성하는 조립식 욕실은 공간을 한번에 끼워 넣는 인필infill 개념이다. 선박용 조립식 욕실을 제작하는 해상 숙박 설비 시스템 회사인 스타코Staco는 바닥과 벽체 패널 같은 자재부터 가구와 객실 모듈까지 직접 개발하고 생산한다. 바다에 수많은 집을 지으며 쌓인 기술과 노하우는 이제 해상을 넘어 컨테이너 모듈 주택, 캡슐 호텔 등의 건축에 적용되며 다시금 빛을 발하고 있다. 인터뷰 정경화

감씨(감): 선박에서 시작해 건축까지 확장했다. 건축에서는 주로 어떤 용도로 조립식 욕실이 쓰이나?

전용언(전): 예전에는 건축용으로 쓰이는 비율이 10%도 채 되지 않았으나 요즘에는 꽤 많이 늘었다. 일반 소비자보다는 학교나 학원, 기업에서 기숙사, 펜션에 설치하기 위해 구매한다. 조립식 욕실은 공간에 따라 디자인이 바뀌는 주문 제작 제품으로, 최소 물량이 20개 이상은 되어야 단가가 맞다. 보통 50개, 100개 단위로 주문한다.

앞으로 효과가 기대되는 공간은 아파트다. 아파트는 대부분 타일공, 미장공 등 사람이 직접 마감재를 시공하는데 일일이 품질을 관리하기가 어렵고, 시공 인력도 점차 줄어든다. 특히 물을 쓰는 공간은 누수 없이 완벽한 품질을 갖추는 것이 중요하다. 조립식 욕실은 공장에서 100% 제작하기에 완성도 있는 품질을 일정하게 유지할 수 있다.

감: UBR로 알려진 일반적인 유닛 배스와는 달라 보인다.

전: 일본에서 많이 쓰이는 유닛 배스룸 Unit Bath Room, 이하 UBR 은 유리섬유강화플라스틱으로 만든 바닥, 벽체, 천장 패널 각각을 현장에서 접합해 완성한다. 접합부를 갈아내기에 이음매가 드러나지 않고 한 몸인 듯 깔끔하다. 그러나 완성된 공간은 모듈이지만 제작 과정은 모듈이 아니다. 또 현장에서 조립하다 보니 시공자의 숙련도에 따라 품질에 차이가 있고 누수가 발생하기도 한다. 우리가 만드는 조립식 욕실은 자재부터 제작 과정까지 UBR과 다르다. 우선 유리섬유강화플라스틱이 아닌 철제 패널을 자재로 쓴다. 공장에서 바닥, 벽, 천장 패널을 접합하고 도기와 수전까지 설치해서 100% 완성된 상태로 현장에 보낸다. UBR은 시간이 지나면 보수하기 어렵지만, 조립식 욕실은 철제 마감재를 덧대거나 손상의 정도에 따라 패널을 갈아 끼우면 돼 보수가 간편하다. 제품은 욕조가 없는 샤워 타입, 욕조가 있는 배스 타입, 두 곳에서 동시에 화장실을 쓸 수 있도록 양쪽에 문을 배치한 셰어 타입의 세 가지 유형이 있어 원하는 용도에 따라 선택한다.

감: 시공이나 유지 보수 관리 외에 실생활에서의 장점은?

전: 조립식 욕실의 주요 자재인 철제 패널의 기술력이 곧 유닛의 장점으로 이어진다. 패널은 PVC 표면재와 강판, 단열재로 이루어져 이미 방수와 단열을 기본으로 갖췄다. 패널 간의 접합이 밀실해 누수의 걱정이 없고, 줄눈에 때가 끼는 타일과 달리 패널은 줄눈이 없어 유지 관리가 쉽다. 세면대와 도기가 바닥이 아닌 벽체에 고정되므로 바닥 청소도 간편하다.

또 다른 장점은 패널이 마감재이면서 동시에 구조재가 된다는 점이다. 패널 간의 접합 부위에 하드웨어가 덧붙으면서 패널을 지지하는 기둥 역할을 한다. 대부분 자재는 접합이 많아질수록 하자가 늘어나기 마련인데 이 자재는 오히려 구조적으로 더 튼튼해진다.

△△ 스타코 기본설계팀 전용언 차장.
△ 스타코 신항 공장 전경.

스타코 신항 공장에서는 바닥, 벽체 패널과 부자재를 바닥에 깔고 여러 명이 동시에 조립하는 방식으로 조립식 욕실을 생산한다.

감: 선박용 제품을 건축에 적용하면서 달라진 점은 어떤 것이 있나?

전: 선박은 실의 면적이나 배선, 배관의 위치가 국제 규격으로 정해져 있어 배치가 제한적인 반면 건축은 좀 더 자유롭다. 대부분 건축주가 도기나 세면대의 위치를 정해 오지만 건물의 자재 비용과 추후의 유지 보수를 고려해 최대한 설비를 모으는 방향으로 다시 제안한다. 욕실을 여러 개 설치하는 경우 도기와 세면대가 대칭을 이루도록 배치하면 더 효율적이다. 건축에 적용하면서 고민이 늘어난 부분은 인테리어다. 선박은 크루즈선이 아니라면 화려하지 않아도 되지만 건축에서는 대개 주거 공간에 쓰이고 소비자의 기준이 높아 다양한 자재를 고민한다. 특히 표면에 입히는 필름에 따라 분위기가 달라지기에 표면재에 많이 신경 쓴다. 포스코에이엔씨에 공급한 평창동계올림픽 미디어레지던스의 조립식 욕실은 패널 위에 금속 질감의 PVC 소재를 입혀 티타늄 같은 느낌을 냈다(감07 철재 편 p.102 참고).

감: 제작과 설치는 어떻게 하나?

전: 바닥, 벽체 패널과 부자재를 바닥에 깔아 놓고 여러 명이 동시에 도면을 보면서 조립해 만든다. 3만 3,000m² 정도의 공장 면적을 활용하면 350개 모듈을 동시에 작업할 수 있다.

공장에서 제작을 마친 모듈은 건물의 골조 공사가 끝난 다음 현장으로 옮겨 설치한다. 설치팀이 도면과 현장 조건을 대조하고 설비 배관의 위치를 확인한 후에 모듈을 배치한다. 모듈의 배관은 미리 협의해둔 위치에 맞추어 설치되어 있어 배치가 끝난 후 건물의 배관과 이어주기만 하면 된다. 모듈 자체의 무게가 무거우므로 따로 건물 구조체와 접합하거나 고정하지 않아도 된다.

감: 제작과 설치 과정에서 스타코만의 강점이나 보완할 점은 무엇인가?

전: 전문 시공팀이 직접 설치해 품질이 우수하고, 독자적인 패널 접합 기술이 강점이다. 철제 패널에 누수가 일어나지

않기 위해서는 접합을 잘하는 것이 관건이다. 다른 업체의 모듈 패널은 대부분 맞닿는 면을 고정하는 대면접합형이라 접합부 사이의 틈으로 물이 쉽게 샌다. 우리가 제작하는 벽체와 천장 패널은 금속 패널의 거멀접기와 같은 방식으로 접합부의 바깥 부분이 한 번 더 꺾이면서 틈새를 완전히 차단한다. 물이 새더라도 한 번 더 막아주고, 이 부분을 나사로 고정해 소음까지 효과적으로 차단한다.

보완할 점은 바닥이다. 다른 자재는 모두 모듈화되어 있는데 바닥의 프레임과 패널은 아직 용접한다. 생산과정도 모두 모듈화되길 바라기에 용접이 아닌 접합 방법을 계속 연구 중이다.

감: 유닛 배스의 자재인 패널까지 직접 생산한다.
전: 기본 소재는 모두 철이다. 티타늄처럼 더 품질이 우수한 재료가 있지만, 비용을 고려했을 때 현실적으로 최적의 대안이다. 패널은 표면에 PVC 필름이 라미네이팅된 강판을 도면에 표기된 형태대로 성형한다. 그 후 접착제로 단열재인 미네랄울을 붙이고, 열과 압력을 가해 일체화한다. 패널을 연결하는 조인트, 모서리 마감재 등의 부속품도 특수한 형태는 강판을 가공해 직접 제작한다.

감: 조립식 욕실을 계획하는 사람들에게 팁이 있다면?
전: 건물을 신축하는 경우라면 설계 단계부터 협업하여 급수관, 오·배수관 등 설비 배관이 설치되는 파이프 샤프트P.S, Pipe Shaft의 위치나 면적을 미리 조율하는 것이 좋다.

이미 지어진 건물에 조립식 욕실을 설치하는 경우에는 시공할 공간의 벽체가 비내력벽인지 내력벽인지 확인해야 한다. 비내력벽은 없앴다가 유닛을 끼운 후에 다시 세울 수 있지만, 내력벽은 제거가 불가능해 유닛을 그대로 넣을 수 없다. 이런 경우, 모듈화된 부품을 가져가 현장에서 조립하는데, 현장에는 변수가 많아서 공장에서 제작한 만큼의 품질을 보장할 수 없다. 조립 전문가가 직접 현장에 방문해야 하기에 시공 비용도 추가로 든다. 욕실 유닛의 경우, 특히 목조 건물은 벽체 대부분이 내력벽이고 제거하기도 어려워 신축이 아니라면 권하지 않는다.

비용은 샤워실이 있는 2m² 면적의 조립식 욕실이 200~350만 원 정도 든다. 면적을 늘리는 것보다는 마감재로 대리석 같은 재료를 쓰거나 좋은 수전으로 교체할 때 비용이 더 크게 높아진다.

스타코에서 제작한 조립식 욕실의 모습.

3

TREND OF
BUILT-IN FURNITURE

3.1 Technology
3.1.1 Living Technology
3.1.2 Built-in Modular

3.2 Program
3.2.1 Change with Built-in Furniture
3.2.2 Interview
3.2.3 Opinion

3.3 Design
3.3.1 Interview 1
3.3.2 Interview 2

3.1

Technology

발달한 기술을
접목한 가구

빌트인 가구는 다른 분야에서 발달한 기술과 공법이 접목되면서 새로이 진화를 거듭한다. 주거 공간에서 생활의 질을 높이는 빌트인 가구의 변화와 새로운 공법으로 공간을 구현하는 빌트인 시스템의 모습을 따라가 보았다.

글 정경화

Living Technology

주거 기술과 가구의 이유 있는 만남

발달한 기술이 주거 공간에 적용되면서 가구의 기능은 빠르게 변한다. 가전을 보기 좋게 담는 역할부터 사물인터넷 Internet of Things, 이하 IoT 기술을 적용한 스마트홈에서 공간을 진두지휘하는 역할까지, 변화의 스펙트럼도 다양하다. 한샘 생산기술연구소 IoT파트의 이재건 과장과 공간패키지개발팀의 민소라 차장을 만나 가구와 기술의 협업으로 주거 공간에 일어난 혹은 곧 일어날 가장 최근의 변화를 엿보았다.

인터뷰 정경화 인터뷰이 한샘 생산기술연구소 IoT파트 이재건 과장, 한샘 공간패키지개발팀 민소라 차장

감씨(감): 더 나은 주거 공간을 만들기 위해 각각 어떤 연구와 개발을 하나?

이재건(이): 우리는 소비자의 수요, 시장 현황 등 가구에 대한 자료를 오랫동안 축적해왔다. 하지만 지금까지는 각 부서에서 각자의 제품을 기획했을 뿐 이들을 엮어서 서비스를 만들지는 못했다. 사물인터넷은 사물에 인터넷을 부착해 사람과 사물, 사물과 사물을 연결하고 서로 정보를 소통하는 지능형 기술이다. IoT팀은 사물인터넷을 기반으로 기존의 흩어진 자료를 엮어 공간의 서비스를 만든다. 이를테면 주방에서는 유튜브를 보면서 요리를 만들거나 가족이 대화하며 식사하는 시나리오를 제안한다. 공간별 가구 패키지처럼 주방, 거실, 서재 등 공간마다 핵심 시나리오를 만드는 것이 우리의 일이다. 배우와 시나리오를 바탕으로 연출하는 영화감독과 비슷한 셈이다. 궁극적으로는 집이라는 하나의 패키지를 제안하는 것이 목표다.

민소라(민): 공간패키지개발팀은 신혼부부, 초등학생이나 청소년 자녀를 둔 부부 등 가족의 생애주기별로 공간을 제안한다. 막연히 유행하는 스타일을 좇기보다 다수가 공감하는 현실적인 공간을 제시하는 것이 목표다. 국내 주거 공간의 변화를 연구하고 평형대별로 고객을 조사해 라이프스타일과 수요를 파악한다. 이를 바탕으로 구체적인 사용자와 상황을 설정해 그에 맞는 공간을 시즌마다 제안한다.

감: 최근 국내 주거 공간과 생활에는 어떤 변화가 있나?

민: 주 52시간 근무제도가 시행되고, 미세먼지나 폭염 등 환경과 기후 문제로 실내에서 활동하는 시간이 늘었다. '워라밸', '소확행', '휘게' 같은 라이프스타일이 유행하면서 온전히 나만을 위한 공간, 가족과 함께 취미 생활을 하는 공간을 추구한다. 또 집 자체에 대한 관심이 높아지면서 내 공간을 SNS에 공유하는 '랜선집들이' 같은 용어도 등장했다. 이러한 변화를 반영해 2019년 S/S 라이프스타일 트렌드로 '가족의 개성과 취향이 담긴 집'을 제안했다. 그중에서 신혼집의 거실은 TV 대신 커다란 테이블을 두고 각자 취미 생활을 하거나 함께 대화하는 홈카페 같은 공간으로 계획했다.

이: 기술적인 부분의 변화는 인공지능 스피커의 대중화다. 스마트홈에서도 음성 명령을 기반으로 하는 다양한 기기와 서비스가 개발되면서 인공지능 스피커의 활용도가 높아지고 있다. 아직 음악을 듣거나 날씨를 물어보는 정도로 이를 제대로 활용하는 가정은 드물지만, 음성 명령이라는 개념에 익숙해졌다. 또 다른 변화는 집에서 VOD 콘텐츠를 소비하는 비율이 급증했다는 점이다. 이는 거실 외에 침실, 주방에 두는 세컨드 TV에 대한 수요로 이어진다.

과거에는 기업이 앞서 기술을 제안했다면 이제는 소비자가 더 빠르게 스마트폰, 자율주행과 같은 기술에 적응하고 새로운 것을 기대한다. 10년 전에는 자동차에서 무조건 사람이 운전해야 했지만 지금은 자동차가 알아서

IoT 기술이 구현된 집에서는 "영화 볼래" 한마디만 하면 조명이 꺼지면서 커튼이 닫히고, 스크린과 프로젝터가 켜지며 영화 감상에 최적화된 환경을 완성한다.

주차와 주행까지 한다. "그런데 집은 왜 여전히 똑같을까?"라는 질문이 자연스레 나온다. 집에서는 의식주를 비롯해 자동차보다 훨씬 많은 행위가 일어나는 만큼 기술이 도움을 줄 가능성도 무궁무진하다.

감: 스마트홈은 이미 홈오토메이션으로 오래전에 등장한 개념이다. IoT가 접목된 지금은 어떻게 달라졌나?

이: 예전에는 시공사가 신축 아파트에 유선 방식의 월패드를 대량으로 공급하는 정도였다. 하지만 위치가 고정돼 있고 조명, 가스 등을 따로 제어하는 방식으로 실제로 활용하는 비율은 낮았다. 이제는 가전 하나, 가구 하나가 아니라 공간에서 일어나는 생활 전체를 연출한다. "좋은 아침" 한마디만 말하면 여러 개의 리모컨을 들고 여기저기 돌아다닐 필요 없이 조명이 켜지고 뉴스나 음악을 틀거나 날씨를 알려준다. IoT는 이러한 스마트홈을 구현하는 핵심 기술로, 집안의 사물을 몽땅 연결해 한꺼번에 관리한다. 이를테면 후드와 공기청정기는 실내 공기를 쾌적하게 한다는 목적은 같지만, 별도로 작동한다. 이들을 IoT로 연결하면 주방의 냄새를 자동으로 감지해 후드를 켜고, 냄새의

빌트인 가구는 모양과 색상이 제각각인 기기를 스펀지처럼 흡수해 공간에 보기 좋게 담아낸다.

정도에 따라 세기를 조절한다. 후드로 모자라면 공기청정기도 작동시킨다. 후드와 공기청정기 각각의 성능을 높이는 대신 이미 있던 것을 잘 연결하는 것만으로 생활에 더 큰 변화를 가져온다.

감: 가전회사와 비교했을 때, IoT 기술에 접근하는 방식에 차이가 있다면?

이: 가전회사의 기술은 어플리케이션이나 음성을 이용해 기존의 리모컨을 대체하는 개념이 강하다. 반면 우리는 공간에서의 행위에 중심을 둔다. 핵심은 동시에 그리고 명령하지 않아도 자동으로 제어하는 것이다. 예를 들어 "영화 볼래" 하면 조명이 꺼지면서 블라인드가 내려가고, 스크린과 프로젝터가 켜진다. 영화를 보기에 최적화된 환경을 한번에 알아서 완성한다.

이러한 스마트홈은 가전 하나가 아닌 집 전체를 기획해야 구현이 가능하다. 그러나 이미 있는 집을 스마트홈으로 만드는 것은 건설사도, 가전회사도 도와주지 않는다. 우리는 그 시장을 공략한다. 리모델링과 함께 기존의 집에 새로운 주거 기술을 불어넣고 공간을 이용하는 방법을 제안한다.

감: IoT로 구현한 스마트홈에서 가구는 어떤 역할을 하나?

이: 스마트홈에서 빌트인 가구의 가장 큰 장점은 사람들에게 친밀한 모습이고, 무언가를 숨길 공간이 많다는 점이다. 모양과 색상이 제각각인 기기를 스펀지처럼 흡수해 공간에 보기 좋게 담아낸다. 밖으로 노출할 필요가 없는 장치와 배선은 가구 안에 매입한다. 가전과 가구가 부대끼던 공간은 훨씬 더 쾌적하고 보기에도 좋은 스마트홈으로 완성된다.

민: 가전을 보기 좋게 담는 것 외에 잘 쓸 수 있도록 환경을 조성하는 역할도 한다. 가구에 전자기기를 바로 연결해 쓸 수 있도록 콘센트를 보기 좋게 매입하고, 침대나 서재 테이블에는 무선 충전 기술을 적용한다. 여기서 디자인의 또 다른 중요한 역할은 사용자가 직관적으로 기능을 이해하고 활용하도록 안내하는 것이다. 예를 들어 무선 충전 테이블은 어디에 핸드폰을 놓아야 충전이 되는지 표기돼 있어야 사용자가 쓸 수 있다. 가구 디자인을 해치지 않을 정도의 표시로 충전 위치를 안내한다.

감: 기술 개발에 있어 어려운 점은 뭔가?

이: 가구가 제조 기반이라면 IoT는 기술 집약적인 산업으로 성격이 다르다. 아직까지는 가구 공장의 생산 시스템이 IoT 기술을 따라가지 못한다. 일례로 가구 공장은 톱밥이 날리는데 첨단 기술을 적용하기 위해서는 먼지가 한 톨도 없어야 한다. 가구 생산 과정에서 신기술을 접목하기 위한 기초 체력을 부지런히 키워야 한다. 영업과 시공도 문제다. 예전에는 영업사원이 색상과 규격을 소개하면 됐지만 이제 제품이 아닌 기술, 서비스를 판매해야 한다. 시공 기사도 가구 시공 분야에서는 전문가지만 스마트홈, 수면 센서에서는 전문가가 아니다. 가구 산업의 전반적인 분야에서 새로운 기술을 받아들이기 위한 준비가 더 필요하다.

가구와 주거 기술이 결합하는 세 가지 방법

주거 기술과 결합한 대표 가구 유형을 정리했다. 주거 기술과 만난 가구의 모습을 좀 더 자세하게 살펴보자.

+1 가전의 가구화

최근 인테리어의 추세인 미니멀리즘과 달리 블루투스 스피커, 공기청정기 등 가전은 나날이 늘어난다. 공간이 줄어들고 비용도 중복되기에, 가전의 기술을 가구에 접목해 사용자에게 더 친밀하고 깔끔한 공간을 완성한다.

가장 활발하게 일어나는 형태는 침대 헤드보드의 수면등, TV장의 간접조명 등 조명의 빌트인이다. 요즘에는 주거 공간에 일반적인 천장등 대신 스탠드처럼 은은한 공간 분리형 조명을 많이 쓴다. 또 조명을 세우거나 매달기보다는 손이나 발이 닿는 공간 곳곳에 퍼져 있는 것을 선호하기에 가구에 접목하면 더 좋다. 여기에 IoT 기술을 더해 스위치로 각각 켜고 끄지 않고 상황에 맞게 스스로 제어하는 제품도 개발됐다.

또 다른 아이템은 빌트인 TV다. 안방이나 주방의 TV는 거실에 두는 것에 비해 기술보다는 인테리어를 더 고려한다. 그러나 놓을 곳이 없다 보니 서랍장 위에 올리거나 자투리 벽면에 건다. 한샘에서는 화장대 거울에 TV를 접목한 파우더룸용 제품과 주방의 수납장 문짝에 TV를 매입한 제품을 개발했다. 파우더룸에서는 뷰티 영상을 보면서 화장하고, 주방에서는 요리 영상을 보면서 음식을 만든다. 음성 명령으로 작동하기에 주방에서 손을 씻고 따로 리모콘을 찾지 않아도 되고, 요리할 때 필요한 타이머 기능도 갖췄다.

Trend of Built-in Furniture

+2 센서 기술을 접목한 가구

IoT 기술의 핵심은 감지 기술이다. 온습도 센서는 실내의 온습도 변화를 감지해 온열 매트나 에어컨을 제어하고, 환경 센서는 미세먼지, 이산화탄소의 농도를 파악해 상황에 맞는 서비스를 제공한다. 이외에 사람의 활동이나 상태를 판단하는 생체 센서도 있다. 예를 들어 수면 센서는 깊은 잠을 자는지, 코를 고는지 등 사람의 수면 상태를 감지한다. TV를 보다가 잠들면 수면 센서가 인체의 변화를 알아채고 조명과 TV를 끄고 침대도 평평하게 펴준다. 가구는 본래의 기능을 함과 동시에 센서를 숨겨 공간을 깔끔하게 만든다.

+3 스스로 움직이는 가구

높낮이를 조절하는 테이블이나 모션 베드가 여기에 속한다. 이러한 기술은 이미 가구에 활발하게 적용돼 있다. 지금은 IoT 기술을 적용해 리모컨 대신 음성 명령으로 작동하고, 단순히 오르내리는 명령이 아니라 원하는 행위에 맞추어 상태를 세심하게 조절한다.
 매사추세츠공과대학교에서 개발한 오리 시스템스 Ori Systems는 소규모 주거 공간을 효율적으로 쓰기 위해 TV장, 침대, 책상과 책장을 하나의 파티션으로 집약했다. 음성으로 명령해 필요한 가구를 꺼내 쓰고 슬라이딩 방식으로 설치돼 있어 필요할 때는 가구 전체를 옮겨 공간을 확보할 수 있다.

Built-in Modular

모듈러 건축에서 발견하는 빌트인

간삼건축종합건축사사무소의 생활디자인 플랫폼 스타트업 기업, 간삼생활디자인에서 개발한 이동식 경량 목구조 주택, ODM $^{Off\text{-}site\ Domicile\ Module}$과 해상 숙박설비 시스템 회사인 스타코에서 선박용 객실을 응용해 만든 인천공항 캡슐호텔 다락휴는 공장에서 미리 제작한 모듈을 현장에서 설치하여 완성하는 모듈러건축이다(감07 철재 편 p.103 참고). 이들의 또 다른 공통점은 바로 빌트인 시스템. 가구와 공간을 빌트인하는 방식으로 작지만 쓸모 있는 건축을 빠르게 완성한다. 글 정경화 취재 협조 ODM, 스타코

협소한 공간에서 빛을 발하다: ODM

건축가가 직접 만든 작은 집

국내의 조립식 건물은 컨테이너 하우스와 모듈러 주택으로 대표된다. 이들 대부분은 잠깐 쓸 목적으로 짓다 보니 최대한 저렴하고 빠른 시공법을 택하고, 결국 샌드위치 패널로 덮어 천편일률적인 가건물의 모습으로 완성된다. 이와 달리 ODM은 영구적인 사용을 목적으로 계획한 이동식 목조 주택이다. 간삼생활디자인은 '어떻게 하면 건축가가 계획한 좋은 품질의 공간을 합리적인 비용으로 더 많은 사람이 누릴 수 있을까?'라는 고민 끝에 작은 공간을 상품으로 만들었다. 모듈 개념을 접목해 이동이 가능하고 오두막처럼 독립적으로 쓸 수도 있다.

일반적인 조립식 건물과의 차이점은 또 있다. 조립식 건물이 대부분 공장에서 부위별로 제작하고 현장에서 조립하는 데 반해 ODM은 기초와 외부 데크를 제외하고 바닥부터 가구까지 공장에서 100% 제작한다. 공장에서 모듈 하나를 완성하는 데 4주 정도 걸리고, 현장에서는 정해진 위치에 놓고 설비만 연결하면 되기에 반나절이면 설치가 끝난다.

제품은 주방, 욕실이 있는 주거용 NEST와 주방, 욕실이 없는 다용도 POP, 화장실과 세면대가 포함된 POP+로 나뉜다. 아직은 대부분 주말 주택, 펜션의 독채나 호텔 객실 등 주거 공간으로 이용되지만, 사무실, 팝업스토어, 카페, 도서관 등 여러 모습으로 탈바꿈할 수 있어 활용 가능성은 열려 있다.

건축의 일부가 된 가구

모듈의 면적은 주말 동안 4인 가족이 쉬는 데 최소로 필요한 면적을 기준으로 6.6×3m의 기본형 크기와 길이를 1.5m 더 늘린 8.1×3m의 확장형이 있다. 집의 면적이 제한되면 대개 욕실과 주방처럼 기능적인 공간을 먼저 줄이기 마련이다.

그러나 ODM은 이곳을 한쪽에 집중 배치해 자유롭게 쓰는 공간을 확보하면서도 충분한 면적을 할애했다. 욕실은 두 명이 함께 샤워할 수 있는 크기로, 주방도 네 명의 가족이 쓰기에 부족함이 없도록 계획했다. 간삼생활디자인 이윤수 대표는 "ODM은 주로 교외에 지어지기에 도심에 있는 주택보다 실외로 확장할 여지가 많다. 욕실, 주방처럼 기능적인 공간을 충분히 갖추어 집의 역할을 제대로 하도록 했다"며 "사용자가 원할 때 두 모듈 사이에 파티션을 직접 설치해 건물 외부까지 경계를 확장할 수 있도록 모듈 두 개와 외부 확장 시스템을 조합한 BIY $^{Building\ It\ Yourself}$ 제품도 구상하고 있다"고 답했다.

ODM은 모듈 개념을 접목한 조립식 건물로, 이동이 가능하고 오두막처럼 독립적으로 쓸 수도 있다.

협소한 면적에서 효율적으로 기능하기 위해 적용한 방법은 빌트인 가구다. 제품을 배치하는 대신 공간을 가구화하는 개념으로 접근해 가구가 차지하는 면적을 최대한 줄였다. 그는 "평면 계획은 남는 공간을 찾고, 이를 가구화할지 말지를 결정하는 과정의 연속이었다"고 말한다. 바닥난방을 확보하고 남는 평상은 옆면을 밀고 닫는 서랍장으로 계획하고, 박공지붕이 만들어낸 높은 층고의 공간은 손이 닿는 일부 벽면만 수납장으로 가구화하고 나머지는 비워 탁 트인 공간감을 살렸다. 소재도 내부 마감재인 자작나무 합판과 통일해 공간과 한 몸인 듯 일체화했다.

공간의 가구를 직접 계획하는 것 외에 국내 가구 업체와도 꾸준히 협업한다. 주방 가구는 가구 업체인 오름에서 제작하고, 아웃도어 박스의 의자와 테이블, 레어로우의 철제 선반을 모듈에 적용했다. 함께 작업해보고 싶은 가구 업체로 가라지가게(감01 목재 편 p.121 참고)를 꼽은 그는 "가구는 건축 단계에서 작업하는 것보다 전문가가 만드는 것이 훨씬 완성도가 높다"며 "다양한 가구 제작자와 협업하는 생활 문화 플랫폼이 되고자 한다"라고 설명했다.

빌트인 가구를 넘어 빌트인 공간으로: 인천국제공항 캡슐호텔 다락휴

공항 안으로 들어온 호텔 객실 유닛

모듈러 건축은 가구, 설비를 비롯한 모든 공간을 미리 제작하고 현장에서 설치만 하여 바로 쓸 수 있다는 점에서 공간을 건물에 빌트인하는 개념이기도 하다. SK네트웍스 워커힐이 기획하고 스타코가 제작한 캡슐호텔 다락휴는 공간으로 확장되는 빌트인 시스템을 잘 보여준다.

워커힐은 오랫동안 인천국제공항의 캡슐호텔을 기획해 왔다. 수많은 모듈 제작 업체를 수소문한 끝에 공항에서 특히 중요한 고려 요소인 불연성과 도서관 수준의 차음성을 갖추고, 대량생산이 가능해 빠듯한 시공 기간을 맞출 수 있는 스타코의 선박용 객실 모듈을 선정했다. 기본설계팀 전용언 차장은 선택의 가장 주요한 요인으로 소재를 꼽는다. "참고했던 해외 사례인 오사카 캡슐호텔과 암스테르담 시티허브는 표면재가 유리섬유강화플라스틱이다. 우리 모듈은 철제 패널을 주재료로 만들어 내구성과 차음성, 내화성이 더 우수하다"고 답했다.

실제로 선박은 건축보다 설계 기준이 엄격하다. 파도의 흔들림을 견뎌야 하고 소음 기준도 더 까다롭다. 불이 나도 도망칠 곳이 없기 때문에 최소 30분 이상 화재에 견디고

ODM의 주방과 욕실. 한쪽에 집중 배치하면서도 편리하게 쓸 수 있도록 충분한 면적을 할애했다.

인천국제공항 제1여객터미널에 들어선 캡슐호텔 다락휴 전경.

유독한 연기를 발생시키지 않는 벽체와 천장, 방화문이 필수다. 해상 업체가 여러 건축 업체를 제치고 공항에 호텔을 짓게 된 것은 이러한 엄격한 기준을 지키며 안전함을 철저하게 구현한 덕분이다.

모듈은 바닥과 벽체 패널, 내장재와 외장재 순서로 공장에서 건식 방법으로 조립해 만든다. 각각의 모듈이 완성되면 수도, 전기 등의 설비가 모이는 욕실 모듈을 중심으로 나머지 공간을 결합해 하나의 객실을 완성한다. ODM과 마찬가지로 가구와 집기도 전부 공장에서 설치하기에 현장에서 시공할 때보다 오차가 훨씬 적고 빠르다. 제작 방식이 건축보다는 제품에 가깝다. 인천국제공항 제1여객터미널의 캡슐호텔은 설계, 제작부터 설치까지 두 달 반 정도의 빠른 기간 내에 완성했다. 이후 2018년 1월에는 제2여객터미널에, 같은 해 8월에는 여수에 연이어 문을 열었다.

선박의 노하우를 접목한 빌트인 가구

인천국제공항 제1여객터미널의 캡슐호텔 객실은 1인실과 2인실, 샤워실의 유무에 따라 네 가지 유형으로 나뉜다. 각 객실 유형의 개수는 수익성을 고려해 결정했고, 각각이 모여 마을을 이루는 콘셉트로 60여 동의 객실을 배치했다. 마감재는 호텔에서 제안한 이미지에 맞추어 골랐다.

전체 부지 면적과 객실의 개수를 고려해 객실 모듈의 면적을

다락휴 객실은 벽의 일부를 얇게 파내어 옷을 거는 공간을 마련하고, 침대 아래에는 캐리어를 보관하도록 단을 높였다.

인필 공법은 건물의 콘크리트 골조에 공장에서 제작한 모듈을 끼워 넣는 것으로, 특히 철근콘크리트 구조 건물이 많은 우리나라에 적합하다.

빌트인 건축의 새로운 활용

모듈은 여러 개를 조합해서 확장하거나 종류를 다양하게 만들 수 있어 몇 가지 유형이 반복되는 호텔, 기숙사, 아파트 같은 공간에 특히 효과적이다. 스타코는 그동안 선박에서 갈고닦은 기술을 바탕으로 이제 건축에서 빌트인 모듈 유닛 시스템을 적극적으로 적용한다.

현재 건축에 적용하는 모듈러 공법은 공장에서 제작한 모듈로 건물 내부를 완성하고, 콘셉트에 맞는 외장재로 건물 바깥을 마감하는 방식이다. 골조에 따라 크게 네 가지로 나뉘는데, 각각 건물의 콘크리트 골조에 모듈을 끼워 넣는 인필 공법, 경량 철골로 골조를 세우고 모듈을 넣는 라이트 게이지light gage 공법, 건물의 골조 없이 모듈을 그대로 쌓는 적층 공법과 패널에 아예 구조체를 넣어 짓는 패널링paneling 공법이다.

그중에서도 인필 공법은 철근콘크리트 구조 건물이 많은 우리나라에 적합하다. 전용언은 "국내의 경우, 아파트, 기숙사 같은 다중이용시설은 층간소음 때문에 콘크리트 바닥을 150~210mm 두께로 시공하도록 법적으로 규제한다. 이 때문에 철근콘크리트 구조에 모듈을 서랍처럼 끼워 넣는 인필 공법이 상대적으로 적용하기가 유리하다. 기존 건물의 마감재를 제거하고 골조에 맞춰 모듈을 끼워 넣는 방식으로 리모델링도 가능하다"고 말한다.

실제로 중국에 330개 객실 규모의 호텔을 신축하는 데 걸린 기간은 8개월 정도로, 일반적인 공법으로 시공할 때보다 공기를 40% 정도 단축했다. 다락휴처럼 모듈을 독립적으로 배치하고 건물 외부를 마감하지 않을 경우, 기간은 더욱 줄어든다.

2015년 6월, 스타코는 인필 공법을 이용해 경상남도 합천에 수자원공사 기숙사를 시공했다. 2017년 8월에는 부산 남구 용호동에 적층 공법을 접목한 LH 행복주택을 완공했다. 인필 공법을 적용한 천안 두정동 실증단지의 행복주택도 완공을 앞두고 있다. 조립식 주택에 대한 일반 소비자의 관심도 늘고 있어, 기숙사나 아파트 외에 모듈러 주택을 몇 가지 유형으로 제품화해 온라인으로 판매하는 서비스도 준비하고 있다.

빌트인은 건축의 단계에서 설치하는 가구로 시작했으나, 이제 공간과 건축으로 범위를 넓혀간다. 건물을 지을 면적이 갈수록 줄어들고, 이미 지어진 건물을 잘 쓰는 것이 점점 더 중요해지는 상황에서 빌트인 시스템은 건물에 끼우는 방법으로 실내 공간을 새것으로 바꾸는 한 가지 대안이 될 수 있다. 효과적으로 구현하고 시공하는 방법을 함께 고민해야 할 때다.

정하고, 내부 평면은 선박용 객실을 기준으로 샤워실의 면적, 침대의 규격을 고려해 계획했다. 여기서도 어김없이 제한된 공간을 효율적으로 쓰기 위해 디자인한 가구가 돋보인다. 대개 1인당 6m²로 면적이 정해져 있는 선박용 객실을 계획하며 축적한 다양한 빌트인 가구 아이디어를 바탕으로 벽 일부를 얇게 파내어 옷을 거는 공간을 마련했고, 침대 아래에는 캐리어를 보관하도록 단을 높였다. 이외에도 수납장을 2층 침대로 올라가는 계단으로 쓰거나 주방의 수납장에 테이블을 빌트인하는 등 선박의 객실에 쓰였던 틈새 가구 노하우가 모듈러 주택이나 기숙사에 효과적으로 반영되고 있다.

3.2

Program

변화하는 용도에 적응하는 가구

공간과 가구는 따로 존재할 수 없는 요소다. 새로운 용도의 공간이 등장하면 가구는 그에 맞는 방식을 찾아가고, 기존의 공간에 변화를 줄 때도 가구를 가장 먼저 바꾼다. 새롭게 등장한 공유 주거 공간, 달라지는 호텔과 학교에서 빌트인 가구는 어떤 모습을 보여주고 있을까?

글 정경화

Change with Built-in Furniture

틀에 박힌 교실의 전형을 바꾸다

틀에 박힌 학교 교실이 바뀌고 있다. 2017년, 서울시교육청은 초등학교 교실을 리모델링하는 '꿈을 담은 교실' 사업을 추진했다. 더 나은 학교 공간을 만들자는 공동의 목표 아래 스무 명의 건축가가 모여 교실을 디자인했다. 마스터 아키텍트(이하 M.A.)로 프로젝트를 주도한 서로아키텍츠 김정임 대표는 동답초등학교 아이들의 눈높이에 맞춘 빌트인 가구를 계획해 달라진 학교 공간을 완성했다. 글 정경화

학교 건축이 변한다

"마차에서 시작된 자동차는 스마트카로, 교환원이 통화를 연결해 주던 송·수화기는 전화기를 거쳐 지금과 같은 스마트폰으로 변했다. 그러나 같은 기간 학교 건축과 시스템에는 어떤 변화가 있었나?" 미국의 래퍼이자 사회활동가인 프린스 이에이Prince EA가 직접 만든 영상의 내용이다. 그는 '나는 학교를 고발한다'라는 주제로 변하지 않는 학교 시스템을 비판한다. 한국도 상황은 마찬가지다. 한 반의 학생 수나 과목의 내용 같은 소소한 변화는 있었지만 지난 한 세기 동안 학생을 가두는 학교 건축과 암기 위주의 주입식 교육 시스템은 늘 같게 유지되어 왔다. 늘어나는 학생을 수용하기에 급급했던 시대가 지난 현시점에서 창의적이고 감성적인 교실 공간에 대한 요구가 제기되기 시작했다. '꿈을 담은 교실 만들기' 사업은 이러한 배경에서 탄생했다. 서울시교육청은 서울 시내 공립 초등학교 20곳, 그중에서도 학교생활을 처음 시작하는 1, 2학년 교실을 선정하고 아이들이 즐거워하는 교실 환경을 만드는 것을 목표로 사업을 꾸렸다. M.A.를 맡은 건축가 김정임(서로아키텍츠 대표)은 사업의 취지에 공감하고 최선을 다해 결과물을 구현할 스무 명의 건축가를 섭외하는 일에서부터 프로젝트를 시작했다.

꿈을 담은 교실만들기: 동답초등학교

설계 김정임
설계 담당 조형진
위치 서울특별시 동대문구 답십리로60길 12
면적 359.79m²
주요 마감 자작나무 합판, 친환경페인트
완공 2017년 8월
사진 이범준(별도 표기 외)

가구 소재 자작나무 합판

아이들의 눈높이에 맞춘 빌트인 가구

스무 명의 건축가는 각자의 디자인 언어로 교실을 계획했다. 김정임은 "정부가 나서서 교실을 리모델링하는 것이 처음이라 참고할 만한 사례가 없었기에 스무 명 건축가 개개인의 역할이 중요했다"며 "각자가 맡은 현장의 문제와 요구 사항에 맞는 스무 가지의 해법을 만들고자 했다"고 말한다.

각기 다른 교실에서 공통적으로 발견되는 부분은 다채롭고 따뜻한 색감과 다양한 놀이 공간, 복도와 교실이 만드는 획일적인 경계를 흐리는 장치다. 그리고 대부분은 여러 기능을 하도록 공간에 맞추어 짠 빌트인 가구가 그 역할을 담당한다. 특히나 공공 프로젝트는 관공서에 등록된 업체의 자재만 사용할 수 있기에 원하는 의도를 구현할 제품을 찾기가 더 어렵다. 제한된 면적에서 아이들의 다양한 활동에 대응하는 방법을 찾다 보니 건축가들은 자연스레 공간에 맞춘 빌트인 가구를 적극 이용하게 되었다. 한 공간에서 여러 기능을 해야 하는 교실에서 빌트인 가구는 평소엔 닫아놓고 필요할 때 펼쳐 쓰는 방식으로 공간의 활용도를 높인다. 또 아이들이 쉽게 움직여서 변형하거나 다양하게 조합하도록 만들어 유연한 사고와 창의성을 기를 수도 있다.

배식대, 다락방, 독서 공간을 한 가구에 모으다

김정임이 계획한 동답초등학교 교실은 빌트인 가구의 역할이 더 두드러진다. 그는 교실과 복도 사이의 벽을 창이 있는 가구로 만들어 견고하던 경계에 틈을 냈다. 이를 통해 벽은 배식대, 다락방, 그리고 책 읽는 공간으로 변모하며 교실에 필요한 여러 기능을 수행한다.

접이식 창이 설치된 배식 공간은 담임 교사의 의견을 바탕으로 계획되었다. 이곳은 교실에서 배식을 하는데, 자칫 위험할 수 있는 배식차 대신 가구를 이용해 배식 공간을 조성했다. 이동식 카페를 닮은 모습으로 급식 시간 외에는 놀이 책상으로 쓴다. 국을 편하게 배식하기 위해 일부러 낮게 만든 자리는 아이들이 걸터앉는 벤치로 의외의 인기를 누리고 있다. 또 저학년 아이들은 학습 속도 차이가 크기 때문에 수업 과제를 빨리 끝낸 학생들이 다른 활동을 할 수 있도록 책을 읽거나 앉아서 노는 공간을 따로 조성했다. 세 가지 역할은 하나의 구조물 속에 한데 녹아들면서 아이들에게 상황에 따라 달라지는 공간을 선물한다.

교실과 복도 사이의 벽에는 이동식 카페처럼 접이식 창을 설치하고 배식 공간을 조성했다.

높이가 다른 가구를 오르락내리락하며 아이들은 다른 높이에서 사물을 바라보고 친구들과 서로 눈을 맞춘다.

다른 높이에서 서로 눈을 마주치는 가구

가구는 수평과 수직으로 영역을 나눠 세 가지 기능을 배치했다. 1학년 학생의 키를 고려해 높이를 나누고 위쪽에는 앉아서 노는 다락방을, 아래에는 독서 공간을 두었다. 다락방은 높이가 낮아 불편하지만 아이들에게는 서로 올라가려 줄을 설 정도로 가장 인기 있는 공간이다. 김정임은 "늘 평면적으로만 움직이던 교실 공간에 수직 방향으로 움직임을 만듦으로써 아이들은 다른 높이에서 사물을 바라보고 친구들과 눈을 맞추게 된다"고 설명한다.

이외에도 가구는 아이들을 고려한 형태, 품질이 우수하고 가벼운 재료, 쉬운 사용성을 갖췄다. 아이들이 쓰는 장소인 만큼 안전에도 신경 썼다. 문에는 손끼임을 막는 장치를 설치하고 가구의 모서리는 둥글게 처리했다. 가구 재료인 자작나무 합판은 화재에 대비해 방염처리를 거쳤다.

학교는 아이들이 자라면서 경험하는 최초의 공공건축이다. 그는 "좋은 공공건축은 공용 공간이 좋아야 한다"고 말한다. 지금의 학교는 공용 공간이 이동을 위한 홀과 복도로 쓰일 뿐, 다른 행위가 일어날 여지가 없다. 그가 계획한 빌트인 가구는 이 경계를 흩트린다. "앞으로의 교육 공간은 학생, 교사, 학부모가 자연스럽게 만나고 교류하는 공간이 되어야 한다"며 "잘 계획한 가구가 중요한 역할을 할 것"이라고 재차 강조했다.

김정임 (서로아키텍츠 대표)
연세대학교 건축공학과와 동 대학원을 졸업했다. 공간 디스플레이부터 인테리어, 건축, 마스터플랜까지 다양한 규모의 작업을 해오고 있다. 현대사회에서 변화하는 구성 요소들 간의 상호작용과 관계성을 고찰하고 건축 공간에 반영하는 것에 흥미가 있다. 대표작으로는 논현동 NEW사옥, 애월 펼쳐진 집, 선정릉 근린빌딩, 삼성전자 우면 R&D 디자인 센터 내부 공간설계, 서울스퀘어 리노베이션 등이 있다.

Interview

작지만 특별한, '도심다운' 주거를 제안하다

도시형 생활주택은 1인 가구에게 좀 더 저렴하고 편리한 주거 환경을 제공하기 위해 도심에 짓는 300세대 미만의 공동주택을 뜻한다. 2009년 5월 시행된 이후 1인 가구가 증가하면서 공급이 계속 늘고 있지만, 대부분은 '최소 비용, 최대 효율'이라는 사업 논리에 맞춰 획일적이고 열악한 공간으로 지어진다. 모서리가 둥글게 말린 입면이 인상적인 문정동 도시형 생활주택은 건축가가 직접 기획하고 디자인해 조금 다른 분위기다. 이곳의 설계를 맡은 스트락스 어쏘시에이트는 제한된 공간을 효과적으로 이용하는 짜임새 있는 평면과 생활을 배려한 빌트인 가구를 계획해 살고 싶은 공유 주거 공간을 완성했다.

인터뷰 정경화 인터뷰이 스트락스 어쏘시에이트 박광 대표, 두마인드오피스 민준기 대표

감씨(감): 기획부터 직접 참여해 더 높은 품질의 공간을 완성했다. 어떤 공간인가?
민준기(민): 1~2인 가구 14세대가 거주하는 다세대주택으로, 1층은 상가 임대 공간, 2층은 사무실이고, 3층부터 5층까지 주거 공간이다. 주거 공간은 네 가지 유형으로 이루어진다. 약 34m^2의 정사각형 평면인 A형이 아홉 세대, 건물 모서리에 위치한 37m^2의 B형이 두 세대, B형의 확장형(51m^2), 직사각형 평면인 C형(57m^2)과 복층형인 D형(63m^2)이 각각 한 세대씩 있다.
박광(박): 프로젝트를 계획할 당시 문정동 인근에 동남권 유통단지를 중심으로 원룸형 오피스텔이 약 7,000세대 넘게 조성될 계획이었다. 차별화를 위해 우리는 '작지만 특별한 집'이라는 콘셉트로, 비용이 아니라 취향이 맞아서 선택하는 고급스러운 작은 주거 공간을 제안했다. 일반적인 원룸보다 6~10m^2 정도 더 넓고, 주출입구도 호텔처럼 조성해 지인을 초대하고 싶은 집으로 계획했다. 월세를 주변 시세보다 1.5~2배 정도 높게 책정했음에도 준공 초기에 임대가 완료되었다.

감: 고급 주택을 주로 작업하는 스트락스에서 1인 주거는 꽤 특이한 이력이다.
박: 고급 주택을 많이 작업하지만, 최근에는 1인 주거 프로젝트에 많은 관심을 가지고 꾸준히 연구하고 있다. 정부가 임대하는 청년 주거 모델을 고급 주택의 마스터룸 정도로 계획하고 있으며, 기업과 함께 청년주택도 준비 중이다. 대부분의 사업은 공간의 효율은 최대한 확보하면서 돈은 최소로 들인다. 우리의 일은 공간의 효율을 조금 낮추는 대신 발코니, 휴게 공간, 공용 공간 등 사용자에게 여유 공간을 내어주도록 설득하는 것이다. 물론 요즘 공유 공간이 유행이고 적극적으로 도입되고 있다. 하지만 공간만 내어주고 알아서 쓰라는 생각은 옳지 않다.

감: 그렇다면 어떤 방법이 대안일까?
박: 프로그램을 만들어 자생적인 공유경제가 생기도록 유도해야 한다. 이를테면 1층 공간 일부를 청년 사업가에게 공짜로 임대해 준다. 월세 대신 이곳에서 버는 매출을 기반으로 수수료를 내고, 입주자를 위해 공짜 커피와 토스트를 아침으로 준비하거나 30% 정도 할인된 가격에 식사할 수 있는 서비스를 제공하게 한다. 직원을 따로 고용하면 동기 부여가 안 되니 관리가 어렵고, 입주자가 부담하는 관리비도 늘어난다. 그러나 수익을 보장해 주면 이야기가 달라진다. 입주자에게는 월세는 좀 더 비싸지만 보호받고 대접받는다는 느낌을 준다. 보통 주거 공간은 새 집일 때 잘 나가고, 낡을수록 인기가 떨어지는데 이러한 프로그램을 계속 공급함으로써 수익을 유지할 수 있다.

감: 현재 이곳은 공유주택 기업 미스터홈즈의 홈즈스튜디오 어반하우스로 운영 중이다. 여러 명이 함께 또 따로 사는 주거 공간을 기획하면서 새로이 고민한 점은 무엇인가?
민: 기존의 다세대주택은 세대마다 같은 위치에 창이 있다. 건물 밖에서 몇 층 몇 호인지, 사람이

4층 평면도

3층 평면도

A형(34㎡)

B형(37㎡)   B 확장형(51㎡)

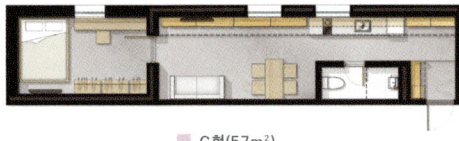

C형(57㎡)

D형(복층형, 63㎡)

3, 4층 평면도와 각 유닛 평면도

있는지 없는지 다 보인다. 이곳은 도시가 주는 익명성이 깨지지 않도록 각 세대가 두세 개의 창을 불규칙하게 갖는 입면을 계획했다.

감: 협소한 면적을 극복하기 위해 평면은 어떻게 계획했나?

민: 원룸은 대부분 직사각형 평면으로 현관을 열면 화장실, 주방이 있고 한눈에 모든 세간살이가 보인다. 이를 탈피하기 위해 현관의 위치를 잡는 것에 신경 썼다. 현관의 깊이를 줄이고, 평면도 정사각형 형태로 계획했다. 필요에 따라 공간을 감출 수 있는 장치도 충분히 두었다. 커튼이나 스크린, 무빙월, 가구 등 다양한 방식으로 시선을 차단한다.

공간을 최대한 활용하기 위해 주방, 현관, 화장실 등 기능적인 공간을 한쪽 가장자리에 집중하고 나머지는 모두 거실로 조성했다. 침실도 욕실과 같은 폭으로 한쪽 가장자리에 두고, 폭 파묻혀 자는 작은 공간으로 계획했다. 침실을 넓게 쓰고 싶다면 거실에 침대를 두고 이곳은 문 대신 달아 놓은 커튼을 쳐 드레스룸으로 쓸 수도 있다.

감: 일부 유형에는 공간을 분리하는 파티션을 두었다.

민: 무빙월은 사용자가 스스로 공간을 바꿔가며 쓸 수 있어 작은 공간에 특별함을 주는 장치다. 무빙월을 어디에 두는지에 따라 침실이나 식당을 넓게 쓰거나 침실 겸 거실로 확장할 수도 있다. 이동식 칸막이를 생산하는 국내 업체인 뫼베플러스Moweplus에서 제작한 제품으로, 금속 프레임에 하드웨어를 설치하고 미송 합판으로 마감했다. 거실로 쓰는 경우 TV를 걸 수 있도록 콘센트도 설치했다. 전선은 회전축인 얇은 강관 안에 매입해 안 보이게끔 했다.

감: 가구를 계획할 때에는 어떤 점을 중요하게 고려했나?

민: 공간이 좁다 보니 무언가를 조금만 덧붙여도 조악해 보인다. 재료의 종류를 가능한 줄이고, 전선도 전부 보이지 않도록 숨겼다. 주방 가구는 목공 업체에서 내부 마감재와 같은 미송 합판으로

제작했다. 재료의 종류와 공정을 줄이는 동시에 표준화된 주방 가구의 이미지를 벗어나고자 했다.
박: 무빙월을 제안하고 주방 가구를 무늬목이나 LPM으로 마감하는 일반적인 방식 대신 합판으로 제작한 것은 모두 공간을 한 가지 용도로 규정하지 않기 위해서다. 주방이 필요 없는 사람은 책장, 장식장으로 쓸 수 있도록 주방 가구처럼 보이지 않게 노력했다. 또 구조재와 표면재가 다른 가구는 긁히면 전혀 다른 재료가 드러난다. 합판은 흠집이 나도 똑같은 재료가 드러나 낡았다는 느낌이 덜하다.

현관, 화장실, 침실을 한쪽 가장자리에 집중 배치하고 자유롭게 쓰는 거실 공간을 최대한 확보했다.

107

△△ 공간에 쓰는 재료의 종류를 최대한 줄이기 위해 빌트인 가구는 내부 마감재와 같은 미송 합판으로 제작했다.
△ 욕실은 좁은 면적을 효율적으로 쓰기 위해 세면대와 샤워 부스를 합치고, 수납장을 놓는 대신 구조벽을 파내고 샴푸나 비누를 올려 두는 공간을 계획했다.

감: 주거 공간에서 가구의 가장 중요한 기능은 수납이다. 수납공간은 어떻게 계획했나?

민: 디자인을 해치지 않는 모든 곳에 수납공간을 만들었다. 싱크대 하부장은 배관이 없는 공간을 빠짐없이 쓸 수 있도록 선반을 짰고 화장실 천장에는 설비와 함께 에어컨을 매입하는 등 틈새 공간을 이용했다. 현관이 협소했던 일부 유형에는 신발을 세워 꽂는 신발장을 따로 계획했다. 침실의 수납공간은 물건과 방식에 대해 여러 시나리오를 짰다. 신체 치수를 고려해 규격을 정하고, 실제 크기로 제작해 보며 검토했다. 평상으로는 면적을 전부 활용하지 못하는 서랍 대신 위아래로 여닫는 수납장을 두고, 이불이나 여행용 트렁크처럼 부피가 큰 물건을 넣을 수 있도록 나눴다.

감: 빌트인 가구를 설치하는 과정에서 어려웠던 점은?

민: 가구와 골조로만 만드는 집, 쉽게 들리지만 퍽 어렵다. 골조는 거푸집을 짜고 콘크리트를 부어 만들어 수평 수직이 어긋나기 쉬운 반면 가구는 톱으로 잘라 만들어 대부분 수평 수직이 정확하다. 이러한 구축 방식의 차이로 인해 가구와 골조 사이에는 틈이 생길 수밖에 없다. 이를 메우는 작업이 어려웠다. 완성된 가구를 현장에 가져온 뒤 골조에 맞게 대패로 깎거나 덧붙이면서 하나하나 맞춰 나갔다.

감: 빌트인 가구의 장점은 무엇이라고 생각하나?

박: 가구가 드러나 있으면 그 주변은 한 가지 역할로 고정되지만, 가구를 가리면 다른 용도로도 쓸 수 있다. 빌트인 가구는 감추고 드러내는 두 가지 모습이 가능해 뻔한 공간을 새롭게 만든다. 이런 장점을 잘 활용하는 빌트인 가구 시스템을 가구 업체와 함께 개발하고 있다.

무빙월을 어디에 두는지에 따라 침실이나 식당을 넓게 쓰거나 침실 겸 거실로 확장하는 등 원하는 대로 공간을 바꿔가며 쓸 수 있다.

문정동 도시형생활주택

설계 스트락스 어쏘시에이트(박광, 민준기)
위치 서울특별시 송파구 문정동
연면적 890.58m²
주요 마감 노출콘크리트, 도장
완공 2014년 9월
사진 신경섭

가구 소재 미송 합판
가구 제작업체 WK아이디

민준기(두마인드오피스 대표)
런던 메트로폴리탄 대학교에서 건축, 인테리어 디자인 석사를 취득하고, 런던의 플로리안 베이겔 건축사무소에서 실무를 했다. 이후 ㈜건축설계사무소 M.A.R.U.에서 아모레퍼시픽 R&D 센터와 제주도 주택 등의 프로젝트에 참여했다. 2010년부터 2016년까지 ㈜스트락스 어쏘시에이트의 수석 디자이너로 일했고, 현재 두마인드오피스를 설립해 운영 중이다.

박광(스트락스 어쏘시에이트 대표)
홍익대학교에서 경영을 전공하고, 이후에 인테리어 디자인을 공부했다. 2009년 ㈜스트락스 어쏘시에이트를 설립하여 'Good design & well construction'이라는 원칙하에 인테리어 디자인은 물론 건축, 공공디자인 영역으로 범위를 확장하고 있다. 어퍼하우스라는 주거 브랜드를 자체 기획했고, 서울시 건축상, 코리아 골든 스케일 어워드 등을 수상했다. 현재 (사)한국실내건축가협회의 상임이사로 활동 중이다.

Opinion

가구로
공간의 여백을 만들다

Trend of Built-in Furniture

사회가 급변함에 따라 공유 주거, 공유 오피스 등 새로운 유형의 공간이 속속 등장한다. 일본을 기반으로 활동하는 UDS Urban Design System는 그 변화에 가장 앞서 공간을 제안하고 지속 가능성까지 함께 고민하는 건축 디자인 스튜디오다. 공간 기획과 디자인부터 운영까지 총괄하는 그들의 손끝에서 도시가 필요로 하는 주옥같은 장소가 탄생한다. UDS의 나카하라 노리토(中原 典人) 디자인 총괄에게 새로운 공간과 그 속에서 빌트인 가구의 역할을 물었다. 인터뷰 정경화 인터뷰이 UDS 나카하라 노리토 디자인 총괄 사진 제공 양품계획(별도 표기 외)

감씨(감): UDS는 커뮤니티를 강조한 새로운 형태의 공간을 제시한다. 베이징과 긴자의 무지 호텔을 설계했고 현재 운영도 함께한다. 건축가라는 직업에서 상상하지 못했던 새로운 모습이다.

나카하라 노리토(나카하라): 건축가는 공간을 계획하고 구현하지만 실제로 사람들이 그 공간을 어떻게 쓰는지 확인할 기회는 드물다. 사용자가 원하는 것을 파악하지 못하니, 다음 프로젝트에서 더 나은 제안을 하기도 어렵다. 건축가가 디자인만 하는 시대는 지났다. 제품과 마찬가지로 사용자의 관점에서 공간을 생각하고 운영 방법까지 함께 제안할 필요가 있다. 호텔 안테룸 교토 Hotel Anteroom Kyoto를 기획할 당시, 일본의 사람들은 '장소'에 하나의 용도보다는 복합적이고 다양한 콘텐츠를 원했다. 우리는 이에 부응해 갤러리와 예술가의 작업실, 공동주택과 판매 매장이 함께 있는 새로운 호텔을 제안했다. 학생 기숙사였던 건물을 리모델링해 주변에 자연스레 녹아드는 모습으로 계획했다. 예술과 문화를 주제로 다양한 사람들이 모이는 장소가 되어 결과적으로 지역의 활성화에 기여했다.

감: 기획, 디자인, 운영 각각의 단계에서는 어떤 작업이 이루어지나?

나카하라: 먼저 프로젝트 자체의 사업성과 사회적으로 필요한 공간인지, 디자인적으로 흥미로운지 등 여러 관점에서 살펴보는 기획 단계를 거친다. 그다음 설계 단계에서는 명확한 기획 내용을 바탕으로 공간을 구체화한다. 마지막 운영 단계에서는 더 재미있는 서비스는 어떤 것이 있을지 새로운 방법을 계속 검토하며 살을 붙인다. 작업이 어느 정도 진행되면 기획 단계에서 정한 내용을 유지하면서 세 분야가 계속 의견을 공유하며 세부 사항을 결정한다.

감: 가구는 어느 단계에서 계획하나?

나카하라: 설계, 운영 팀이 계획의 마지막 단계에서 사용자가 쓰기 편한지, 공간과 전체적인 결이 맞는지 등을 검토하며 가구의 배치부터 세부적인 디자인까지 결정한다. 가구는 실제로 만지고 사용하는 것이기에 공간에서 사람에게 가장 즉각적으로 영향을 미치는 요소다. 기능 외에 가구의 색상, 형태, 스타일 등의 디자인에 따라서도 공간은 극적으로 변한다.

감: 구체적으로 가구를 계획한 사례가 궁금하다.

나카하라: 호텔을 예로 들면, 객실의 가구를 계획할 때는 사용자가 이곳에서 어떻게 시간을 보내는지를 가장 많이 고려한다. 서울 강남에 계획한 호텔 카푸치노는 주로 20대 후반~30대 초반의 사람들이 업무나 관광을 위해 방문하는 경우가 많다. 비교적 젊은 층을 타깃으로 했기에 한쪽 벽면을 보이는 수납공간으로 계획해 공간이 넓어 보이면서 물품을 쉽게 사용할 수 있게 했다. 반면 무지 호텔 베이징은 관광이 주요 목적으로 30~40대 중반의 투숙객을 타깃으로 한다. 물건을 모두 깔끔하게 수납하고 필요한 것만 꺼내 쓸 수 있도록 하여 편안하게 휴식하는 비일상적인 공간이 되도록 했다.

호텔 카푸치노 객실의 한쪽 벽면은 '보이는 수납'으로 대담하게 계획했다.

감: 일본은 주거 공간의 면적이 협소하다 보니 빌트인 가구를 이용해 활용도를 높인 사례가 많다. 빌트인 가구를 계획할 때 중요한 요소를 꼽는다면?

나카하라: 부동산 가격이 갈수록 높아지면서 집은 소유하기보다는 일정 기간 소비하는 개념으로 변한다. 임대 주택의 수요도 점점 높아진다. 빌트인 가구는 공간의 일부가 되어 깔끔하면서도 쓰임을 한층 더하기에 일본의 좁은 집에서 요긴하게 쓰인다. 하지만 이를 디자인으로만 풀다 보면 과해진다. 빌트인 가구를 계획할 때는 가구 자체의 디자인보다 어떻게 여백을 만들지를 더 깊이 고민한다. 예를 들어 무지 호텔 베이징의 객실은 동선이 겹치지 않도록 한쪽 벽에는 침대를 배치하고 맞은편에는 길게 상판을 두어 세면대와 테이블, 수납을 모두 해결했다. 기능하는 공간과 휴식하는 곳이 자연스레 분리되면서 여백이 생겼고 편안하게 머무는 분위기가 완성되었다.

무지 호텔 베이징의 지하 1층 무인양품 매장부터 3층의 호텔까지 이어지는 보이드 공간에는 무지의 제품을 빼곡히 담은 수납장을 짰다. 'Anti-gorgeous, Anti-cheap. 화려하지도, 저렴해 보이지도 않게'라는 무지의 철학을 드러내면서 벽의 일부로 빌트인해 공간 전체에 여백을 남겼다. 제품이 돋보이도록 소재도 비슷한 톤의 목재로 통일해 공간 전체가 '가구와 상품'으로 느껴진다.

나카하라 노리토(UDS 디자인 총괄)
도쿄 디자인 전문학교를 졸업하고, 1999년에 UDS에 입사했다. 코퍼레이티브 하우스, 호텔, 상업 시설 등의 건축을 비롯해 인테리어, 가구, 제품 디자인까지 다양한 영역에서 독자적이고 폭넓은 디자인을 펼친다. 일본의 도쿄건축상 장려상, 굿디자인 어워드를 비롯해 인터내셔널 디자인 어워드(IDA), 아메리칸 아키텍처 프라이즈, A디자인 어워드 앤 컴피티션 등에서 수상했다.

빌트인 가구가 만들어 내는 여백의 미가 돋보이는 무지 호텔 베이징의 객실과 1층 라이브러리.

3.3

Design

공간의 분위기를 완성하는 가구

건축 설계 단계에서 함께 계획하는 빌트인 가구는 건축가와 디자이너가 상상한 콘셉트에 딱 맞는 모습으로 공간에 마침표를 찍는 존재이기도 하다. 주거 공간부터 카페, 바 같은 상업시설과 전시장까지 각기 다른 공간에서 고유한 분위기를 구현하는 빌트인 가구를 만나보자.

글 정경화

interview 1

가구와 건축의 경계를 넘나들다

푸하하하프렌즈
윤한진 공동대표

-
"이 전시대는 가구이지만 파티션이기도, 구조물이기도 해요." 애초에 뚜렷한 역할을 정하지 않았기에 모든 게 될 수 있다고 말하는 그들은, 건축도 가구처럼, 가구도 건축처럼 디자인하려 노력하는 건축가다. 각종 연결 철물과 목재 샘플이 수북이 쌓여, 발명가의 작업실인 듯 말랑한 날것의 느낌이 가득한 푸하하하프렌즈의 사무실에서 윤한진 공동대표를 만났다. 인터뷰 정경화

감씨(감): 건축가로서 가구에 어떻게 접근하나?

윤한진(윤): 가구는 당연히 가구디자이너가 훨씬 잘 만든다. 사용자의 입장을 더 잘 이해하고 제품의 내구성도 뛰어나다. 가구를 건축으로 보고 하나의 기능에 가두어 생각하지 않을 때 가구디자이너보다 '한 가지 더' 있는 가구를 만들 수 있다. 이를테면 1×1.2m 크기의 작은 수납장을 디자인할 때 20m² 규모의 주택 하나를 설계한다는 생각으로 스케일을 뛰어넘어 접근하면 재미있는 결과가 나온다.

《두 번의 올림픽, 두 개의 올림픽》 전시의 가구는 전시 외에 쉼터, 안내 공간의 역할을 겸한다.

《두 번의 올림픽, 두 개의 올림픽》전

설계 푸하하하프렌즈
위치 서울특별시 중구 통일로 1 문화역서울284
면적 132m²
완공 2018년 2월
사진 노경

가구 소재 18mm 나왕코어합판
　　　　　 10mm 폴리카보네이트
가구 제작업체 주성디자인

감: 문화역서울284에서 열린《두 번의 올림픽, 두 개의 올림픽》, 코엑스에서 열린《경기도 주식회사》전시 공간의 공통점은 가구식 구조물의 틈새를 돌아다니며 관람한다는 점이다. 이러한 배치를 계획한 의도가 있다면?

윤:《두 번의 올림픽, 두 개의 올림픽》전시(2018)는 2018 평창동계올림픽과 1988 서울올림픽을 주제로, 두 번의 올림픽을 치르면서 일어나는 이야기를 다룬다. 문화역서울284는 구 서울역사를 리노베이션한 전시장인데, 전시에 적합한 공간은 아니다. 대합실, 역장실 등 실의 성격이 워낙 분명하고, 건물 자체가 문화재여서 함부로 바꿀 수 없다. 물리적인 구획에 맞춰 전시를 쪼개기보다 건축적인 장치를 이용해 전체를 하나의 열린 공간으로 꿰뚫으려 했다.

공간을 엮는 매개체는 '산'이다. 직설적이지만 쉽게 와 닿는 삼각형 형태로 산을 형상화했다. 홀에 놓인 전시대의 끝부분이 건너편 대합실까지 튀어나오는 식으로 공간의 구획에 구애받지 않고 자유롭게 놓여 있다. 관람객들은 전시대를 따라 정신없이 떠돌아다니며 관람한다.

《경기도 주식회사》전시(2017)는 서울디자인페스티벌 참여 기업의 부스 디자인이다. 경기도 주식회사는 제조 기술은 있지만 디자이너가 없는 제조회사와, 아이디어는 있지만 제조 기술이 없는 디자이너를 연결해 상품의 기획과 생산, 판매까지 지원하는 일을 한다. 제조공장은 많지만 디자이너는 구하기 어렵기에, 그들은 디자이너를 구하고자 행사에 참여했다. 디자이너를 찾는다는 메시지가 담긴 금속 패널 모듈을 2m 간격으로 교차하며 배치했다. 디자이너에게 고민할 시간을 주는 것이 중요했기에 통로 폭을 1m로 좁게 두어 여럿이 와도 뿔뿔이 흩어져 홀로 걸으며 전시를 보도록 계획했다.

감: 《두 번의 올림픽, 두 개의 올림픽》 전시는 전시대 외에 테이블, 스탠드 등의 가구도 함께 됐다.

윤: 전시장에 쉼터나 안내 공간이 따로 없다 보니 가구가 그 기능을 대신한다. 각각의 가구는 산에서 보이는 풍경을 표현한 것으로, 전시대에 꽂힌 원형 테이블은 산에 걸린 구름을, 스탠드는 오르내리는 언덕을 모티브로 디자인했다. 삼각형 전시대는 지역 행사, 먹거리 등 평창의 다양한 정보가 칸칸이 담긴 정보 수납장이다. 원형 테이블은 빽빽한 정보들 틈에서 성화 봉송, 자원봉사자, 메달 등 올림픽의 재미난 사건을 보여준다. 스탠드에는 영상, 홍보 포스터를 전시해 관람객이 앉아서 전시를 보거나 쉬면서 관람 속도를 스스로 조절한다.

감: 전시대는 반투명한 재료로 마감해 은은히 빛난다. 가구의 재료를 고를 때에는 어떤 점들을 고려했나?

윤: 구 서울역사는 서울에서 가장 오래된 건물 중 하나로, 견고하고 묵직한 느낌이다. 이곳에서 전시될 우리의 작업은 이와 정반대로, 가볍고 반투명해 설산처럼 은은히 빛나는 모습이길 바랬다. 또 전시장의 조도가 굉장히 낮은데 문화재이다 보니 공간에 조명을 따로 설치하기가 어려웠다. 대신 전시대 자체가 조명 역할을 하도록 백열등을 매입하고 폴리카보네이트로 마감했다.

전시는 대개 한시적인 프로젝트이기 때문에 재료를 고를 때 환경과 비용을 특히 중요하게 고려한다. 구조재인 합판은 비용을 줄이면서 구조물을 세우기 적합한 재료다. 마감재로 쓴 폴리카보네이트는 방수 소재로, 내부의 공기층 때문에 약간의 단열 효과가 있어 추후에 재활용이 가능할 것 같아 선택했다. 서울역광장에서 일어날 다양한 이벤트에 대비해 따로 보관 중이다.

백열등을 매입하고 폴리카보네이트로 마감한 전시대는 설산처럼 은은하게 빛난다.

《경기도 주식회사》전

설계 푸하하하프렌즈
위치 서울특별시 강남구 영동대로 513 코엑스
면적 54m²
완공 2017년 12월
사진 노경

가구 소재 아연도강판
가구 제작업체 마운틴디스플레이

감: 《경기도 주식회사》전시에서는 조립과 해체가 쉽도록 부스를 모듈 구조로 계획한 것이 눈에 띈다.

윤: 여러 번 쓸 수 있도록 용접 대신 조립하는 방식을 택했다. 가로, 세로 각각 1m, 높이 3m를 기본 모듈로 하여, 40×40mm 규격의 각파이프로 구조체를 짜고 앞뒤로 아연도강판 패널을 고정했다. 구조체에 미리 뚫어놓은 홈에 패널을 끼우고, 맞닿은 모듈은 볼트와 너트로 연결한다. 공간의 크기에 따라 모듈의 개수를 조절하며 유연하게 적용하고, 금속으로 제작해 실외에도 설치할 수 있다.

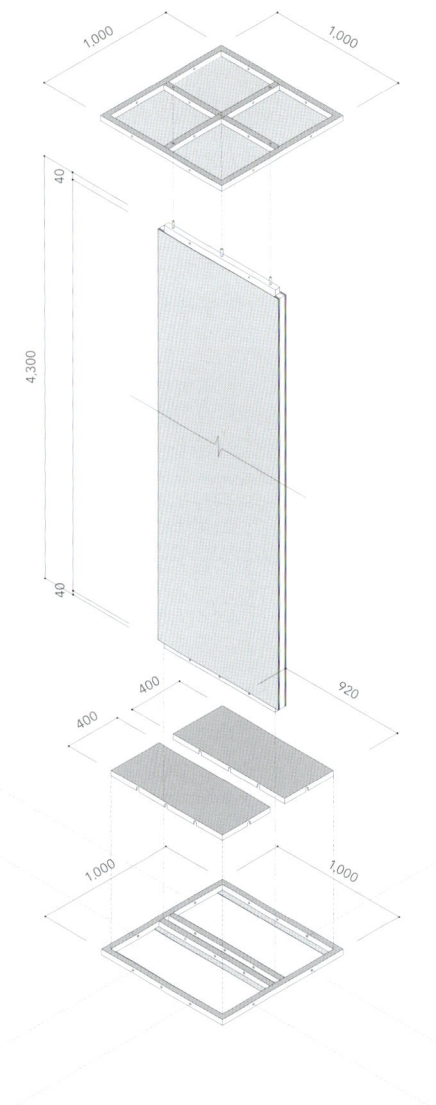

《경기도 주식회사》전 모듈 계획도

아연도강판 패널을 모듈 형태로 조립해 만든 《경기도 주식회사》전시 가구.

빈브라더스 하남 스타필드점은 광장에 최대한 넓은 면적이 접하도록 테이블을 삼각형 모양으로 디자인했다.

감: 에이랜드 매장과 빈브라더스 카페는 대형 쇼핑몰인 스타필드 내에 있다. 다른 작업과는 어떤 차이가 있나?

윤: 두 프로젝트는 쇼핑몰의 매장 인테리어가 아니라 도시에 건물을 짓는다는 생각으로 접근했다. 실제로 두 개의 큰길에 광장이 껴 있고, 큰길을 잇는 작은 길이 여럿 있는 스타필드의 평면은 영락없는 도시의 모습이다. 빈브라더스(2017)는 132m²의 면적으로 광장에 면한 매우 작은 매장인 반면, 에이랜드(2017)는 큰길에 접해 있고 1,150m²의 면적으로 넓다. 대지의 조건을 고려해 건물을 설계하듯 두 프로젝트도 주변의 맥락에 맞춰 계획했다.

빈브라더스 하남 스타필드점
설계 푸하하하프렌즈
위치 경기도 하남시 미사대로 750 스타필드 하남 1층
면적 132m²
완공 2017년 9월
사진 노경

가구 소재 1.5mm 스테인리스 스틸
가구 제작업체 어반플롯

쇼핑몰 인테리어는 대부분 전체 공간과 매장이 따로 논다. 에이랜드는 매장을 네 개의 볼륨으로 만들고 그 사이로 난 다섯 개의 작은 골목길로 쇼핑몰과 이어지게 해 연속성을 부여했다. 볼륨 중간중간에는 가로지르는 통로를 작게 두고 테이블을 놓았다. 한 방향으로 난 길에선 걸어가는 행위만 있지만, 이곳에서는 다른 길로 건너가면서 빙 둘러보고, 사람과 사람이 서로 얼굴을 마주친다.

빈브라더스는 광장에 최대한 넓은 면적이 접하도록 삼각형 테이블을 디자인해 광장과 비슷한 스케일을 구현했다. 광장에 면한 가장자리는 사람들이 많지만, 안으로 들어올수록 사람은 줄어들고 커피로 채워진다. 가장 구석진 안쪽에 앉아 커피를 마시면 광활한 테이블에 홀로 있는 느낌이 든다.

감: 도전적인 형태라 구현하기 굉장히 어려웠을 것이다.

윤: 독특한 형태의 테이블을 기능이 없는 오브제로만 만들고 싶지 않았다. 커피를 만드는 것부터 마시는 것까지 다양한 행위가 일어나도록 디자인했다. 거대한 테이블은 창고, 바, 음수대, 테이블, 배수구, 전시대의 기능을 모두 갖춘 하나의 기계와도 같다. 특히 재미있는 점은 손님이 테이블에 앉아 직접 물을 따라 마시고, 남은 커피는 그 자리에서 바로 버릴 수 있다. 테이블에서 물을 쓰는 행위에 대해 사람들이 불쾌감을 느끼지 않도록 세심한 디자인이 필요했다. 물이 빠지는 부분은 경사를 두고 최대한 얇게 홈을 냈고, 책자를 꽂는 홈을 비슷한 두께로 제작해 배수구처럼 느껴지지 않게 했다. 커피 만드는 장비도 꼭 필요한 설비만 남겨 테이블에 매입했다. 기능은 유지하면서 보이지 않도록 숨기는 작업이 굉장히 어려웠다. 트렌치를 비롯해 거의 모든 하드웨어를 테이블에 맞춰 직접 디자인했다. 원하는 이미지를 만드는 것이 곧 디테일이고 최대한 그에 가깝게 구현하는 것이 건축가의 집요함이라 생각한다. 테이블은 우리가 지닌 집요함을 최대한 발휘한 결과다.

감: 에이랜드의 진열장에도 모듈 구조를 적용했다.

윤: 에이랜드는 다양한 브랜드가 섞여 있는 편집 의류매장이기 때문에 이를 통합해줄 질서 체계가 필요했다. 그 디자인 어휘로 정한 것이 네 개의 건물이다. 또한 1,150m²의 넓은 면적을 같은 맥락으로 채우기 위해 1.8×1.2m의 모듈을 반복해 전체를 완성했다. 콘셉트가 힘을 발휘하도록 수납장, 진열장, 조명까지 전부 네 개의 볼륨 내에서 정리했다. 의류매장이지만 천장에 조명이 하나도 없는 이유는 이 때문이다.

에이랜드 매장에 접한 큰 길은 네 개의 볼륨이 만들어내는 작은 골목길로 이어진다.

에이랜드 하남 스타필드점
설계 푸하하하프렌즈
위치 경기도 하남시 미사대로 750 스타필드 하남 1층
면적 1,150m²
완공 2017년 9월
사진 노경

가구 소재 10mm 각파이프(D50) 10mm 폴리카보네이트
가구 제작업체 네모팩토리

감: 인천 동화마을 주택(2016)과 연희동 나홀로단독주택(2016)엔 좁은 공간을 활용한 가구가 곳곳에 숨어 있다.

윤: 인천 동화마을 주택은 굉장한 협소 주택이다. 2층 규모, 연면적 132m²인 주택을 리모델링하는 작업이었는데 불법 증축물을 걷어내니 실제 연면적이 66m²밖에 되지 않았다. 예상보다 면적이 크게 줄면서 수납이 중요해졌다. 바닥에 계속 단차를 만들고 높이를 이용한 수평적인 공간을 계획해 수납을 해결했다. 바닥은 깊이를 키워 하부에 신발장을 만들고, 건식 계단 아래에는 수납장을 설치했다.

반면 연희동 나홀로단독주택은 수납장이 벽의 역할을 겸하는 수직적인 방법을 적용했다. 1층 현관의 신발장은 3단으로 나뉘는데 위아래 단은 신발장이고, 가운데 단은 맞닿은 서재의 책장이다. 하나의 가구를 두 가지 용도로 쓰면서 동시에 공간을 구분하는 벽으로 활용한다. 주방의 수납장과 거실의 소파는 서로 다른 공간의 경계에 있는 가구가 두 공간을 어떻게 연결할 수 있을지에 대한 답이다. 공간의 경계에서 주방의 수납장은 거실의 책꽂이로, 거실의 소파는 주방의 테이블로 자연스레 변한다.

감: 앞으로 어떤 가구 그리고 공간을 만들어가고 싶은지?

윤: 누가 봐도 의자인 것을 만들면 사람들은 의심 없이 앉는다. 한 가지 행위로 역할을 정하지 않고 가구를 만들 때 오히려 다채로운 행위가 일어난다. 빈브라더스의 삼각형 테이블에서 사람들은 마주 보며 앉기도 하고, 등 돌려 앉아 고개를 돌려 얘기하기도 한다. 우연하고 재미있는 쓰임이 일어나기 위해서는 때로 가구나 공간에 너무 많은 관여를 하지 않을 필요도 있다.

공간 곳곳의 숨은 면적을 활용한 인천 동화마을 주택의 빌트인 가구.

푸하하하프렌즈
푸하하하프렌즈는 윤한진, 한승재, 한양규 세 명으로 구성된 건축사사무소다. 올해로 독립 7년차인 이들은 건축의 범위를 사회 전반으로 확대하는 실험을 한다. 첫 프로젝트 흙담으로 김해건축대상제에서 대상을 수상했고, 이후 옹느세자메(2015), 수르기(2015), 어라운드(2017) 등 여러 상업시설을 통해 다양한 시도와 건축가의 독특한 발상을 보여준다.

가구로
공간을 짓다

—

스튜디오 씨오엠

김세중, 한주원 공동대표

—

브리꼴레르Bricoleur는 목공 일을 하는 사람이라는 프랑스어에서 유래한 단어로, 스스로 도구를 만들고 노하우를 개발해 문제를 해결하는 진취적인 인재상을 일컫는다. 공간과 가구를 직접 디자인하고 만드는 스튜디오 씨오엠은 이 단어가 어울리는 디자이너 듀오다. 부재가 어떻게 조합되어 하나의 가구로 완결되는지 직접 만들며 깨우친 경험이 모여 지금의 씨오엠 디자인을 만들었다. 인터뷰 정경화

감씨(감): 가구를 이용해 공간의 콘셉트를 드러낸 작업이 많다. 이러한 방식으로 작업하게 된 계기가 궁금하다.

김세중(김): 나는 대학에서 공간 디자인을, 한주원 디자이너는 무대 디자인을 공부했다. 졸업 이후 미술관이나 전시 공간의 가구를 작업하며 포트폴리오를 쌓은 것이 토대가 되어 지금도 가구를 중심으로 공간을 풀고 있다.

한주원(한): 가구는 합판으로 직접 만들어본 경험이 많아 벽, 바닥과 같은 공간보다 접근하기가 쉬웠다. 자연스레 공간은 최소한의 마감만 하고 가구를 통해 콘셉트가 드러나도록 디자인하게 됐다. 그러다 보니 전체 예산에서 가구가 차지하는 비중이 다른 스튜디오보다 높은 편이다. 적정한 품질을 유지하기 위해 대부분 공장에서 제작하고 현장 작업은 최소화한다.

감: 가구 중에서도 공간에 맞추어 제작한 빌트인 가구가 많다.

한: 건축주들은 대부분 가지고 있는 땅의 면적에 비해 많은 기능을 원한다. "땅 면적은 15m² 인데 카페도, 책방도 하고 싶어요"라고 말한다. 어찌 보면 이것이 빌트인 가구를 만드는 가장 큰 이유다. 연희동에 있는 독립서점 유어마인드(2017)는 책의 양에 비해 공간은 40m² 정도로 매우 좁았다. 책의 양만큼 수납장을 놓으니 자연스레 입면이 전부 가구로 채워졌다.

감: 책자를 보관하고 전시하는 가구를 계획하며 어떤 점을 가장 고민했나?

김: 수납할 물건의 종류와 물량에 맞추어 설계하다 보면 디자인은 자연스레 나온다. 유어마인드는 독립 출판물을 판매하는 서점이라 책의 판형이 매우 다양하기 때문에 여러 크기를 소화하도록 책장의 규격을 정했다. 또 책장 한 칸의 폭을 좁게 해 얇거나 책등이 없는 책도 옆으로 넘어지지 않게 꽂을 수 있다. 칸의 간격이 촘촘할수록 처짐이 덜해 구조적으로도 더 안정적이다.

한: 스튜디오 프로파간다(2018)는 영화 포스터를 만드는 회사의 사무실과 아카이브실을 계획한 프로젝트다. 베를린 뒷골목에 있는 오래된 영화관의 상품권을 콘셉트로 하여 담백하고 무심한 분위기로 디자인했다. 책장은 전단지, 포스터, 비디오테이프의 규격을 함께 고려해 크기를 정했다. 이곳에서는 한 달에 한 번씩 포스터나 영화 관련 상품을 판매하는 행사가 열린다. 위아래로 좁은 간격의 포스터 장은 평소에는 포스터를 넣어 보관하다가 행사가 있을 때 서랍처럼 빼내어 전시할 수 있도록 계획했다.

감: 스튜디오 프로파간다는 가구와 같은 목재로 벽체를 제작해 공간의 완결성을 높였다.

김: 전부 책장으로 채워진 유어마인드와 달리 포스터를 붙일 수 있는 벽을 많이 두었다. 아카이브실에는 판매 공간과 창고를 분리하는 벽을 새로 계획했는데 벽체도 모두 가구와 같은 목재로 제작해 공간이 하나의 톤으로 느껴진다. 천장도 원래 있던 형광등을 두고 목재로 만든 케이스를 덧씌워 전체적으로 목재로 한 겹 싼 듯한 인상이다.

유어마인드의 책장은 눈에 띄고 손이 닿는 위치에는 책표지가 보이는 매대를, 위아래에는 수납 책장을 계획했다.

벽체까지 가구와 같은 목재로 제작해 하나의 분위기를
자아내는 스튜디오 프로파간다의 공간.

감: 같은 F&B 공간이지만 바 스톤에이지(2018)는 벽면 전체를 따라 기다란 의자를 두었고, 카페 대충유원지(2017)는 가운데에 대형 테이블을 두어 모두 둘러앉도록 배치했다.

김: 공간에서 가장 중요한 것은 입구에 들어왔을 때의 첫인상이다. 바 스톤에이지는 경사진 땅의 높이 차이 때문에 큰길에서 보면 2층이지만 반대편의 입구에서는 반지층으로 내려가는 구조다. 좁은 입구로 들어왔을 때, 위에서 아래로 한눈에 내려다보이는 풍경이 낯설면서도 흥미로웠다. 그 모습을 최대한 살리기 위해 가운데를 비우고 가장자리에 소파를 두었다.

대충유원지는 반대의 모습이다. 건축주는 최근 유행처럼 좋은 커피 머신을 강조하기보다는 바리스타의 노동이 담긴 커피를 대접하는 카페를 원했다. 가운데에 커다란 바 테이블을 놓고 바리스타가 손님과 마주 보며 더 가까운 위치에서 커피를 만드는 동선을 계획했다.

한: 바 공간을 단순하게 보이기 위한 밑작업이 많았다. 하나의 테이블이지만 손님이 앉는 곳은 높이가 700mm, 바리스타가 서서 커피를 만드는 곳은 900mm로 달라야 해서 바 안쪽 바닥을 200mm 정도 낮췄다. 인테리어를 맡은 푸하하하프렌즈와 협의해서 바닥과 배관을 먼저 시공했고, 그 위치에 맞춰 테이블을 설치했다.

스튜디오 프로파간다

설계 스튜디오 씨오엠
위치 서울특별시 강남구 신사동
면적 94m²
주요 마감 타일, 카펫, 합판, 수성 도장
완공 2018년 5월
사진 스튜디오 씨오엠

가구 소재 15mm, 12mm 합판
가구 제작업체 예디 갤러리

유어마인드

가구 설계 스튜디오 씨오엠
위치 서울특별시 마포구 연희동
면적 40m²
완공 2017년 4월
사진 스튜디오 씨오엠(별도 표기 외)

가구 소재 15mm, 12mm 합판
가구 제작업체 쿠, 스튜디오 씨오엠

감: 가구 제작은 어떻게 하나?

김: 예산이 빠듯한 전시 프로젝트를 하던 초반에는 DIY가 가능한 수준으로 꼼꼼히 설계해 둘이서 직접 만들었다. 유어마인드의 경우, 각각의 가구에 대해 CNC 재단도와 조립도를 만들고 재단 순서와 제작 방법까지 직접 결정해 작업을 최대한 소화했다. 덕분에 목공방에서는 부품 설명서를 보고 재단된 부재를 조립해서 완성하는 방식으로 제작 과정을 최소화할 수 있었다. 설계 기간은 두 달 정도로 길었지만 제작하고 시공하는 데에는 한 달밖에 걸리지 않았다. 다른 가구와 달리 변환한 도면 자료가 있어 언제 어디서나 똑같이 만들 수도 있다. 그러나 프로젝트의 규모가 커지면서 이 방식이 더 이상 효율적이지 않게 되었다. 요즈음에는 난이도가 아주 높지 않거나 양이 적을 때는 목공방에, 규모가 큰 작업은 가구 공장에 제작을 맡긴다.

감: 끼워 맞추는 방식의 가구가 특징이다. 겉으로 접합 부위가 드러나지 않는다.

김: 최소한의 기술로 직접 가구를 만들기 위해 고안했던 작업 방식이 고유한 정체성으로 자리 잡았다. 우리는 표면에 마감을 덧대지 않고 합판을 그대로 드러내기 때문에 흠집이 덜 나는 것이 중요하다. 자재가 수직으로 만날 때 홈을 만들어 끼우면 최소한의 나사와 못으로 가구를 마감할 수 있다. 마무리가 깔끔하고 그냥 고정하는 것보다 구조적으로도 튼튼하다. 두께가 일정한 합판은 종이접기 하듯 끼워 맞추는 방법에 최적화된 소재이기도 하다.

한: 대개 CNC 가구는 끼워져 있는 모습이 다 드러나게 만들지만 우리는 연결 부위를 전부 숨긴다. 기술적인 필요에 의해 작업했을 뿐 드러나는 방식을 추구하지는 않는다.

편안한 느낌의 패브릭과 금속, 목재가 조화를 이루는 바스톤에이지의 가구.

바스톤에이지

설계 스튜디오 씨오엠
위치 서울특별시 마포구 창전동
면적 70m²
완공 2018년 1월
사진 texture on texture

가구 소재 합판, 패브릭, 아연
가구 제작업체 신진금속, 예디 갤러리

감: 또 다른 특징은 곡선을 적극적으로 활용한다는 점이다.

김: 우리는 가구가 공간에서 오브제나 식물이 하는 역할을 하기를 바란다. 그래서 정직하게 떨어지는 모양보다는 곡면이나 요철이 생기도록 계획해 공간의 아웃라인을 다채롭게 한다. 곡선을 즐겨쓰는 또 다른 이유는 사각 부재로 만들 때보다 재료를 더 절약할 수 있어서다. 예를 들어 합판 한 장으로 스툴을 만들 때 사각 부재로는 다섯 개를 만드는데, 곡면 부재를 쓰면 여섯 개를 만들 수 있다.

감: 프로젝트마다 사용한 합판의 색감이 다르다. 색상은 어떤 기준으로 결정하나?

한: 합판은 본래 마감재가 아니라 산업재료다. 한 묶음 내에서도 색상 차이가 심하고 세밀하게 색을 골라 구매하는 것도 불가능하기에 가능한 밝은색 합판을 구매하고 스테인이나 왁스를 발라 색을 입힌다. 스테인에 염료를 섞어 조색하기도 한다. 앞뒤 면도 색이 다르기 때문에 여러 합판의 양쪽 면을 칠해보고 기준을 정한다. 가구는 공장에서 제작하고, 공간의 마감은 현장에서 작업하기 때문에 색을 균일하게 유지하기 위해 가구 샘플을 현장으로 보내 색을 최대한 똑같이 맞춘다.

김: 색상을 고를 때 가장 중요하게 고려하는 것은 빛이다. 햇빛이 많이 드는지, 조명은 어떤 색인지 등 공간의 빛에 어울리는 색으로 결정한다. 유어마인드는 원래 홍대 산울림 소극장 근처 건물 5층에 있었는데 당시 아치형 창문에 불이 켜진 모습이 인상적이었다. 햇빛이 잘 드는 공간이기도 했고 그때의 따뜻한 느낌을 담기 위해 자연광과 어울리는 붉은 색의 목재를 썼다. 반면 스튜디오 프로파간다는 전면을 목재로 채웠기에 채도를 낮췄다.

대충유원지
가구 설계 스튜디오 씨오엠
위치 서울특별시 마포구 연남동
면적 72m²
주요 마감 합판, 벽돌, 화강암
완공 2017년 12월
사진 texture on texture

가구 소재 15mm, 12mm 합판
가구 제작업체 예디 갤러리

대충유원지는 가운데의 커다란 바 테이블에서 바리스타가 손님과 마주 보며 커피를 만든다.

스튜디오 씨오엠의 가구는 공간의 아웃라인을 다채롭게 만드는 곡선 디자인이 돋보인다.

감: 합판을 즐겨 쓰는 이유가 있다면?

김: 원목은 비용도 많이 들지만 계속 틀어지고 변한다. 부위마다 단단한 정도도 달라 기술이 많이 필요하다. 반면 합판은 한번 가공을 거쳤기에 원목보다 다루기 쉽다. 초반에는 합판으로 가구를 만들기 위해 설득이 필요했다. 단면이 그대로 노출되는 것이 마감이 안 됐다고 생각하거나 산업자재로 마감을 한다는 이유로 건축주가 꺼렸다. 요즘에는 합판이 주는 미감이 좋다고 먼저 제안할 정도로 대중화되었다. 처음에는 날것의 재료인 합판이 유행하는 것에 대해 마치 "A4용지가 유행이라고?"라는 것 같은 반감이 있었다. 그동안 합판으로 많이 작업했으니 요즘에는 아예 다른 소재를 써보려 한다.

한: 합판은 저렴하고 수급하기가 쉽다. 1,220×2,440mm의 규격재로 나와 효율적으로 쓸 수 있다. 그러나 요즘에는 너무 유행이 되어 오히려 피한다. 작은 사무실이기에 요즘 유행하는 재료, 남들이 잘하는 것을 따라가기보다 우리가 좋아하고 잘하는 재료로 작업해 경쟁력을 갖춘다.

감: 그렇다면 요즘 관심 있는 소재는?

김: 최근에는 무늬목에 관심이 많다. 합판의 매력이 자연스럽고 소박한 목재의 모습이라면 무늬목은 종이처럼 얇게 켜서 판재에 붙여 쓰는 자재로 무늬의 반복이 만드는 패턴이 특징이다. 표면의 질감에 변화를 줄 때 쓴다. 겉과 속이 다르다는 이유로 무늬목을 싫어하는 디자이너도 있지만 우리는 디자인에 어울린다면 쓸 수도 있다고 생각한다. 소재를 선택함에 있어 인테리어 필름처럼 원자재의 무늬를 흉내 낸 자재가 아니라면 괜찮다.

최근 홍대 앞에 디스이즈네버댓이라는 의류 브랜드의 매장 공간을 80평 규모로 계획하고, 연희동에 푸하하하프렌즈가 리모델링한 같은 브랜드 사옥의 가구도 함께 작업했다. 사옥 1층은 알루미늄, 매장 벽면과 천장은 원목, 가구는 무늬목으로 새로운 재료를 다양하게 시도했다.

130　Trend of Built-in Furniture

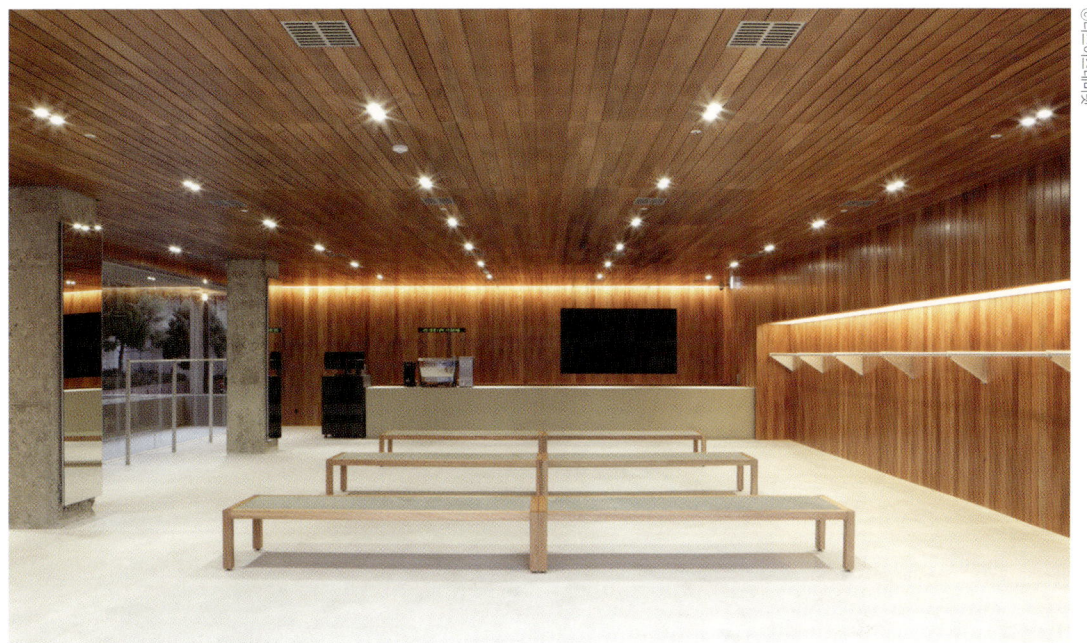
지난 1월 문을 연 디스이즈네버댓 매장. 벽면과 천장은 원목, 가구는 무늬목으로 새로운 재료를 다양하게 시도했다.

감: 소재가 바뀌면 작업 방식도 새롭게 달라질 것이다. 그에 대한 고민은 없나?

한: 구조적인 원리는 어떤 소재나 비슷하기에 목재를 다뤄본 경험을 바탕으로 생각한다. 그러나 재료의 규격이나 가공 방법은 각기 다르다. 이를테면 합판 한 장으로 의자를 몇 개 만들 수 있는지 알지만 다른 재료는 모른다. 틈틈이 재료의 규격을 공부하고 어떻게 효율적으로 쓸 수 있을지 고민한다.

김: 목재 가구 공장은 대부분 경기도에 있다. 조금 멀지만 소재에 대한 경험이 쌓여 충분히 소통할 수 있다. 그러나 직접 가구를 제작해본 적이 없는 아크릴이나 금속은 언제든지 방문해 직접 보면서 협의할 수 있도록 가까운 을지로에 협력 업체를 둔다. 경험의 차이를 극복하려고 노력한다.

감: 다음에 새로이 시도해 보고 싶은 가구의 종류나 디자인이 있다면?

한: 프로젝트를 할 때마다 직접 가구를 계획하고 제작하는데, 한 번으로 끝나니 아쉽기도 하고 비효율적이다. 아예 판매가 가능한 제품을 개발하고 싶다. 구상 중인 아이템은 캣타워다. 의자나 테이블은 제품 선택의 폭이 넓고 저렴한 제품이 많다. 제작 가구는 기성 제품의 가격을 따라갈 수 없다. 아무리 노력해도 이케아보다 무조건 10배 비싸다. 캣타워는 아직 희소성이 있지 않을까? (웃음)

스튜디오 씨오엠

스튜디오 씨오엠은 2015년 국민대학교에서 공간디자인을 전공한 김세중과 한국예술종합학교에서 무대미술을 전공한 한주원이 만든 디자인 스튜디오다. 공간 디자인을 기반으로 다양한 프로젝트를 진행한다. 《파빌리온 씨》, 《시티 코르타니아》 등의 전시에 공간을 연출하거나 작가로 참여했고, 유어마인드, 어라운드, 대충유원지, 바 스톤에이지, 스튜디오 프로파간다 등의 공간에서 가구 혹은 인테리어 디자인을 맡았다.

4
SUPPLEMENT

※ 도서 재판일(2024년 7월)을 기준으로 운영하지 않거나 표기된 정보의 변경이 있는 업체도 있으니 반드시 확인하도록 하자.

빠르고 편리한 선택을 돕는 가구 쇼룸

집에 빌트인 가구를 들이는 방법은 크게 두 가지다. 하나는 공간과 비슷한 크기로 규격화된 가구 제품을 구매하는 것, 또 다른 하나는 공방이나 주문가구 제작업체에 주문을 의뢰해 나만의 가구를 제작하는 것이다. 가구 회사의 제품을 구매하는 소비자를 위해 빠르고 편리한 선택을 돕는 쇼룸을 소개한다. 글 정경화

**가구가 아닌
공간을 판매하다**

한샘 디자인파크
논현점

한샘 디자인파크 논현점은 지하 1층부터 지상 8층까지 9개 층, 총 6,000m^2에 달하는 면적으로 주변 가구 매장을 압도한다. 단품 가구가 아닌 공간을 판매한다는 철학을 구현하고자 주방 외에도 침실, 거실 등 집의 모든 공간을 쇼룸에 고루 담았다.

매장은 용도에 따라 1, 2층은 침실관, 3층은 거실관, 5층은 서재와 자녀방관, 6층은 키친앤바스관으로 나뉜다. 7층 리모델링관에는 창호, 마루, 조명 등 건자재와 가족의 생애주기에 맞춰 꾸민 모델하우스가 함께 준비되어 있어 자재를 공간에 접목했을 때의 느낌을 바로 확인할 수 있다. 이밖에도 4층은 패브릭관, 8층은 생활용품관으로 집 꾸밈에 필요한 자재와 제품을 다양하게 갖췄다.

달라진 공간을 미리 체험해 볼 수 있도록 기술을 접목한 서비스도 특징이다. 리모델링관에서는 모델하우스 외에도 최신 트렌드를 반영해 디자인한 네 가지 콘셉트의 공간을 가상현실로 체험할 수 있다. 상담 과정에서는 홈플래너라는 3D 프로그램으로 리모델링이 끝났을 때의 모습을 구현해 동선이나 색상, 디자인이 공간과 조화를 이루는지 등을 미리 점검하는 서비스를 제공한다.

주문부터 설치까지 대략 1주일 정도 걸리며, 키친바흐는 짧으면 6일, 길면 15일 정도 소요된다.

주소	서울특별시 강남구 학동로 148
운영시간	매일 10시 30분~20시
연락처	02-542-8558
홈페이지	kitchen.hanssem.com

다양한 소재의
주방 가구를 만나다

리바트집테리어
논현점

2018년 12월 20일, 논현동 가구거리에 새로 둥지를 튼 리바트키친플러스 논현점은 현대리바트키친의 전 제품을 만날 수 있는 주방 가구 전문 매장이다.

700m^2 면적의 쇼룸은 지하 1층부터 지상 2층까지 3개층으로 나뉜다. 지상 2층은 실용성과 기능성을 갖추면서 합리적인 가격대의 주방 가구인 헤리티지와 리바트 키친, 1층은 프리미엄 주방 가구인 리첸을 중심으로 구성돼 있다. 리첸 제품은 도장을 비롯해 무늬목, 유리, 타일 등 독특한 재료를 적용하는 것이 특징이다. 헤리티지와 리바트 키친 제품은 PET나 ASA 등 사용성이 우수한 소재로 마감한다.

탁 트인 층고가 인상적인 지하층은 주방 외에 드레스룸, 현관, 거실까지 하나의 집으로 꾸며져 있어 공간을 차근차근 둘러보며 전반적인 분위기를 살필 수 있다. 이곳에 전시된 붙박이장과 드레스룸의 가구도 구매 가능하다.

쇼룸에는 가구 전문가가 늘 머무르면서 제품 구매를 원하는 소비자에게 일대일 상담을 제공한다. 현장 실측부터 최종 견적까지 최소 세 번 이상 상담을 거치고, 제작은 규격 제품인 경우 5일, 맞춤 제품은 7일 정도 소요된다.

주소	서울특별시 강남구 학동로 118
운영시간	매일 10시 30분~20시
연락처	02-546-4001
홈페이지	www.hyundailivart.co.kr

주방 가구에
고르는 재미를 더하다

에넥스 논현 쇼룸

2019년 2월 새 옷으로 갈아입은 신상 매장이다. 원래는 다른 기업과 마찬가지로 빌트인 가구를 비롯해 창호, 중문 등 다양한 인테리어 아이템을 선보이던 공간이었으나 주방 가구의 '강호'라는 정체성을 살리기 위해 주방 가구 중심으로 공간을 재편했다.

1,650m²의 면적, 6층 규모로 1층에는 주방 가구 대표 제품을, 2층에는 후드, 수전 등의 주방 기기와 가전을 전시했다. 국내 브랜드를 비롯해 지멘스, 밀레 등 해외 여러 제품이 모여 있어 비교하는 재미가 쏠쏠하다. 3층에는 1층보다 다양한 종류의 주방 가구 제품을 선보인다.

커스터마이징 주방이라는 개념을 도입해 에넥스에서 새롭게 제안하는 '키친팔레트'도 1층에서 만날 수 있다. 디자이너와의 상담을 통해 공간에 맞춰 가구 배치를 결정한 후에 색상과 세부적인 디자인을 직접 골라 나만의 주방 가구 시스템을 완성한다. 5종의 문짝 디자인, 13종의 색상, 15종의 손잡이 디자인을 비롯해 상판 샘플까지 함께 전시되어 있어 즉석에서 느낌을 비교하고 고를 수 있다.

M층은 프리미엄 브랜드, 4~5층에서는 좀 더 합리적인 가격의 생활 가구를 전시한다. 소파, 침대 등의 제품은 때에 따라 최대 80%까지 할인한다.

주소	서울특별시 강남구 학동로 124 평화빌딩
운영시간	매일 9시~20시
연락처	02-3443-8833
홈페이지	www.enex.co.kr

나만의 가구 제작을 돕는 안내서

가구를 짓는 작업은 대개 상담과 예상 견적을 바탕으로 계약이 이루어진 후, 본격적인 계획에 들어간다. 현장 상황을 파악하고, 건축주의 의견을 반영한 디자인 시안이 결정되면 도면화를 거쳐 제작, 설치한다. 이러한 과정을 거쳐 나만의 맞춤 가구를 만들 수 있는 주문가구 제작업체를 소개한다. 가구를 만드는 곳은 수없이 많지만, 그중에서도 가구 하나, 방 하나보다는 공간 전체를 프로젝트 단위로 작업해 고유한 분위기를 완성하는 곳을 선별했다. 가구 제작의 필수 재료인 하드웨어를 개발하고 판매하는 전문 회사도 함께 담았다. 글 정경화

1. 고유한 아이덴티티를 가구와 공간에 담는 가구디자이너

최소한의 조건, 최대한의 기능

소목장세미

2012년 7월, 유혜미 대표가 시작한 1인 가구공방. 재료 손실을 가능한 한 줄이고, 공간을 낭비하지 않는 등 최소한의 조건으로 최대한의 기능을 하는 가구를 만든다. 군더더기 없는 간결함이 장점인 만큼, '최소'가 지닌 매력이 잘 드러나는 10평 이하의 공간 작업이 많다. 주로 서울에 위치한 서점, 카페 등의 가구를 제작한다.

가구 하나만 디자인하는 것이 아니라 브랜드와 공간의 아이덴티티에 중점을 두어 계획하는 것이 가장 큰 특징이다. 콘셉트를 중요하게 고려하는 만큼 디자인과 소재도 프로젝트마다 다양하게 시도한다.

유혜미 대표는 자주 쓰는 소재로 나왕 원목, 가격 경쟁력이 있는 나왕 합판과 무늬목 합판을 꼽았다. "특히 무늬목 합판을 자주 사용한다"며 "비교적 저렴한 비용으로 원목의 느낌을 낼 수 있고, 합판은 바탕재로 많이 쓰는 MDF에 비해 튼튼하고 습기에 강하기 때문"이라고 그 이유를 설명했다.

대표 작업	초판서점, 연신내 오혜, 합정동 루프트, 망원동 위트위트
주요 자재	나왕 원목, 나왕 합판, 무늬목(참나무, 벚나무, 호두나무 등) 합판
주요 하드웨어	헤펠레
연락처	010-3300-5926 / uuuuman@gmail.com
홈페이지	smallstudiosemi.com

**평범한 모습 속에
편안함과 특별함을 녹이다**

바이빅테이블

2016년 주문가구를 제작하는 디자인 스튜디오로 시작해, 지금은 주방 가구를 전문으로 작업한다. 최근에는 주거 공간 외에 공유 주방, 쿠킹스튜디오, 라이프스타일숍 등 다양한 공간에 주방이 등장하면서 업역이 더 넓어지고 있다. 여행객이 머무르는 스테이, 다세대주택의 주방과 빌트인 가구를 주로 제작한다. 특히, 새로운 경험을 목적으로 하는 스테이는 주방 외에 소파와 침대, 테이블과 의자까지 함께 제작해 공간의 분위기를 전체적으로 완성한다.

공간과의 관계가 밀접한 주문제작 가구의 특성상 공간을 설계하는 디자이너와 협업하는 경우가 많고 직접 공간 계획에 참여하기도 한다.

즐겨 쓰는 재료를 묻는 질문에 정재운 실장은 "원목은 온도와 습기에 민감하기 때문에 손잡이, 채널 등에 부분적으로 쓰는 것이 더 효과적"이라며 "원목 중에서는 색감이 밝은 참나무를 주로 쓴다"고 답했다. 자주 사용하는 상판이나 면이 넓은 부분에는 상대적으로 변형이 적은 MDF를 쓰고 무늬목으로 마감한다. 요즘 많이 쓰는 소재로는 자연스럽고 거친 느낌으로 최근 문의가 늘고 있는 나왕 합판을 꼽았다.

대표 작업	제주 캠핑스테이 어라운드폴리 주방, 피크닉(Piknic) 카페 주방, 띵굴마켓 가구
주요 자재	MDF+무늬목 마감(상판, 넓은 부재), 참나무 원목(손잡이, 채널 등)
주요 하드웨어	블룸
쇼룸 주소	서울특별시 동대문구 천호대로83길 31
쇼룸 운영시간	예약 상담제
연락처	02-6959-0719 / info@bybigtable.com
홈페이지	www.bybigtable.com

고요히 오래 자리하는
원목 가구를 만들다

제너럴그레이

2015년 6월 김승현, 박현정 대표가 시작한 목재 가구 제작소. 단품이나 공간 프로젝트 단위로 주거 공간, 상업 공간의 맞춤 가구를 제작하거나 그들만의 디자인 언어를 살린 생활 가구를 만든다. 2017년 건축가 지랩이 설계한 제주도 독채 스테이의 가구를 제작하면서 작업 규모가 실에서 집 전체를 다루는 단위로 커졌다.

박현정 대표는 "가구의 쓰임과 구조를 위해 꼭 필요한 선만 남기는 최소한의 디자인을 추구한다"고 말한다. 원목을 고를 때도 결이나 색이 도드라지는 것을 피하고, 같은 재료도 결이 단정한 부분이 많이 드러나도록 배치한다. 마감 방법도 소재 본연의 질감과 색이 잘 드러나는 오일 도장을 쓴다. 그는 원목을 주로 쓰는 이유에 대해 "결이 다양하기에 이를 적재적소에 배치함으로써 가구의 이미지를 조절할 수 있고, 그 결과 같은 가구라도 늘 새로운 모습이 만들어진다"고 답했다.

크기가 아주 작은 경우를 제외하고는 직접 가구를 배송하고 사용 시 유의할 점과 관리 방법에 대해 설명한다. A/S는 배송 후 1년 동안 무상으로 제공된다.

대표 작업	제주 표선면 가시리 브리드인제주, 제주 조천읍 신촌리 조천마실
주요 자재	하드우드 원목(백참나무, 호두나무)
주요 하드웨어	블룸, 브루쏘Brusso, 스가츠네Sugatsune 등
쇼룸 주소	서울특별시 서초구 방배로 60 지하 1층
쇼룸 운영시간	월요일~토요일, 11시~19시
연락처	02-525-7632 / info@generalgray.com
홈페이지	generalgray.com

**원목의 선을
강조한 가구**

스탠다드에이

2011년 인디하우스로 시작된 원목 가구 브랜드. 서울 마포구에 쇼룸을, 경기도 죽전에 작업실을 운영한다. '가장 정직한 첫 번째 제안'을 모토로 하여 화려하게 돋보이기보다는 공간 속에서 자연스레 어우러지는 담백하고 정직한 모습의 가구를 추구한다.

　꾸미고 색을 칠하지 않아도 본연의 아름다움이 매력적인 하드우드 원목을 주재료로 사용하고 그중에서도 백참나무, 벚나무, 호두나무를 주로 쓴다. 수종마다 색상과 결의 모양, 질감이 다르기에 그에 맞춰 디자인한다.

　쇼룸이 있는 서울, 경기권을 중심으로 지방에서의 주문도 늘고 있다. 또 요즘 인테리어 트렌드가 시공보다는 설치로 변하면서 개인 소비자가 아닌 기업의 공간 작업도 많이 한다.

　모든 가구는 주문 후 생산하는 방식으로 죽전 작업실에서 직접 제작한다. 그만큼 소비자의 의견이 반영될 기회가 많다. 재료, 제작 등에 대해 충분한 상담을 거쳐 사소한 요구까지 세심하게 맞추어 디자인한다.

대표 작업	피크닉(Piknic), 책 읽는 숲
주요 자재	하드우드 원목(백참나무, 벚나무, 호두나무)
주요 하드웨어	헤티히
쇼룸 주소	서울특별시 마포구 잔다리로3길 10
쇼룸 운영시간	화요일~토요일 11시~19시
연락처	0507-1409-0106 / info@standard-a.co.kr
홈페이지	www.standard-a.co.kr

2. 건축주가 원하는 공간을 섬세하게 구현하는 가구 제작 업체

공간에 딱 맞춘 형태로 매스감을 완성하다
리빙플러스

2004년 3월 설립된 리빙플러스는 주거 공간과 상업 공간의 빌트인 가구를 제작한다. 약 148~330m² 규모로 새로 짓는 주택이나 고급 아파트를 주로 작업한다. 2007년, 경기도 광주시 오포에 생산공장을 짓고 2012년에는 용인에 400m² 규모의 쇼룸을 열었다.

박상욱 대표는 가구의 품질을 좌우하는 요인으로 현장 상황을 꼼꼼하게 확인해 공정별로 정확하게 자재를 발주하는 것과 수직 수평을 완벽하게 맞춘 시공을 꼽는다. 이러한 과정에 더욱 신경 써서 mm 단위까지 공간에 맞춘 크기로 생산해 군더더기 없는 디자인을 추구한다.

대표 작업	용인 사암리 주택, 송파 지멘스 가게나우 쇼룸
주요 자재	PP(독일 샤트데코 제품), LPM
주요 하드웨어	블룸
쇼룸 주소	경기도 용인시 수지구 동천로 15-7
쇼룸 운영시간	매일 9시 30분~19시 30분
연락처	031-265-0309 / livingplus@korea.com
홈페이지	www.elivingplus.com

건축주의 눈높이에 맞춰 기능을 최대한 구현하다
다인디자인그룹

2016년 설립된 다인디자인그룹은 면적이 140m² 이상인 주거 공간의 가구를 제작한다. 가방, 액세서리의 수량, 긴 옷과 짧은 옷은 얼마나 있는지 등 건축주의 생활을 치밀하게 파악해 개개인에 딱 맞춘 수납가구를 완성한다.

김명재 이사는 "무늬목, 원목, 금속 등 소재를 다루는 공장과 도장 공장 등 분야마다 오래 신뢰를 쌓아온 협력 업체를 보유하고 있다"는 것을 장점으로 꼽는다. 최근에는 기성품과의 차별화를 위해 붙박이장 가장자리와 공간 사이에 두르는 마감재를 3~5mm까지 줄이는 방법을 적극적으로 개발 중이다.

대표 작업	분당 K주택
주요 자재	원목(문짝), LPM(몸체)
주요 하드웨어	블룸, 헤펠레, 그라스
연락처	010-3228-1403 / mj1403@hanmail.net

3. 가구 제작 필수 재료, 하드웨어 전문 회사

헤펠레

독일의 건축·가구 하드웨어 전문 업체. 1926년 아돌프 헤펠레Adolf Häfele가 목수를 위한 하드웨어와 공구 전문점을 낸 것이 그 전신이다. '작지만 실용적인 주거 공간'에 초점을 맞춰 가구의 기능을 극대화하는 하드웨어를 생산한다.

쇼룸에서 건축·가구에 적용된 다양한 하드웨어를 직접 보고 전문가의 설명을 들으며 구매할 수 있는 것이 가장 큰 장점이다. 또 단순히 종류로 제품을 구분하는 타 업체와 달리 주방, 침실, 욕실 등 공간에 따라 분류해 하드웨어를 잘 모르는 사람도 편하게 접근하고 제품을 고를 수 있다. 최근에는 제품 하나가 아니라 여러 하드웨어를 적용해 주방 가구 전체를 맞춤 제작하는 키친 스튜디오 파트너 사업을 운영한다. 효율적으로 수납하고 더 다양한 기능을 갖춘 주방을 원한다면 눈여겨보자.

헤펠레의 하드웨어를 주로 사용하는 소목장세미 유혜미 대표는 "경쟁력 있는 가격과 다양한 종류, 쇼룸에서 직접 제품과 사용 방식을 확인해보고 구매할 수 있다"는 점을 장점으로 꼽았다.

주소	서울특별시 강남구 학동로 233 1층 헤펠레코리아
운영시간	평일 9시~18시, 토요일 9시~15시
연락처	02-541-4538
홈페이지	www.hafele.co.kr

블룸

1952년 오스트리아의 말발굽 제작자였던 율리어스 블룸Julius Blum이 설립한 하드웨어 업체. 오스트리아 포어알베르크Vorarlberg에 공장을 두고 있으며 서랍재, 경첩, 리프트업 하드웨어 세 가지 분야에 특화해 제품을 생산한다. 그중에서도 리프트업 하드웨어인 아벤토스AVENTOS 시리즈는 최근 주목받는 제품으로, 전동장치를 이용해 손잡이 없이 여닫고, 열리는 위치를 고정할 수도 있다. 수납장에 평행하게 올라가거나 이중으로 접히는 등 개폐 방식에 따라 다섯 가지 종류가 있다. 본래 블룸은 주방에 특화된 제품이지만 서랍 시스템인 레그라박스LEGRABOX, 목재 서랍용 러너 시스템인 모벤토MOVENTO 제품은 최근 붙박이장이나 욕실 가구에도 많이 쓰인다. 바이빅테이블의 정재운 실장은 블룸 하드웨어를 주로 쓰는 이유에 대해 "호환 가능한 주방용 하드웨어와 소품이 많아 더 다양한 공간을 연출할 수 있다"고 설명한다. 국내에서는 우보인터내셔날에서 수입 판매하며 전국에 40여 개의 판매처를 두고 있다. 전화나 홈페이지 외에 이지 어셈블리Easy Assembly 애플리케이션을 통해서도 제품 정보를 자세히 볼 수 있다.

주소	경기도 용인시 기흥구 탑실로 103
운영시간	평일 9시~18시
연락처	031-285-9491 / woobointl@hanmail.net
홈페이지	www.blum.com

헤티히

1888년 설립된 독일의 하드웨어 업체로 서랍재, 경첩, 슬라이딩 시스템과 폴딩도어 시스템을 주로 생산한다. 서랍 시스템은 275~1,200mm의 폭까지 적용이 가능하고, 전동장치 없이 부드럽게 밀어서 열리는 푸시 투 오픈&사일런트Push to open&Silent 기능을 갖추고 있어 손잡이 없는 디자인을 연출할 수 있다. 그중에서도 이노텍 아티라InnoTech Atira는 수납 유형이 다양해 가장 인기 있는 제품이다.

폴딩도어 시스템인 윙라인 엘WingLine L은 최신 기술이 적용된 제품으로 손잡이 없이 가벼운 터치만으로 부드럽게 열린다. 문이 열려 있는 동안 고정해주는 돌출장치를 최소화해 사용이 편리하고 수납 물품이 한눈에 보이는 개방감을 느낄 수 있다.

헤티히의 하드웨어를 주로 쓴다고 소개한 스탠다드에이의 이학준 실장은 "부드럽게 열리고 닫히는 댐핑 기능과 내구성"을 장점으로 꼽았다. 제품은 헤티히코리아 또는 대리점을 통해 구매할 수 있다.

주소	서울특별시 마포구 월드컵북로 121 4층 헤티히코리아
운영시간	평일 8시 30분~18시
연락처	02-336-0290 / info_korea@hettich.com
홈페이지	www.hettich.com

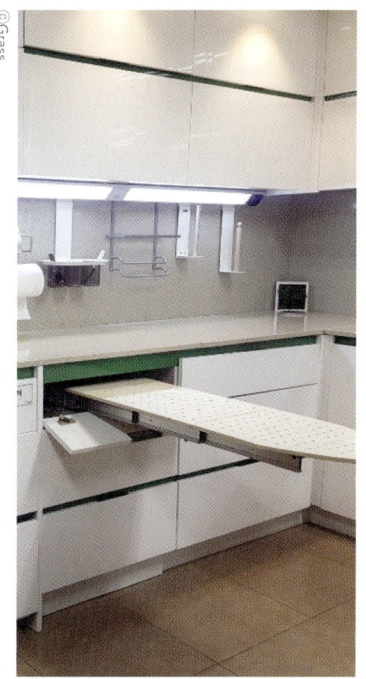

그라스

1953년 설립된 오스트리아의 하드웨어 업체. 서랍재와 경첩, 플랩장 시스템을 주로 생산하고, 특히 경첩과 서랍레일에 특화되어 있다. 서랍의 개폐 시스템은 여닫는 방식에 따라 전자동으로 열리는 센서트로닉Sensotronic과 기계식인 팁매틱 플러스Tipmatic Plus, 두 방식이 섞인 전기 기계식 센서매틱Sensomatic으로 나뉜다. 최근 출시된 기계식 시스템인 팁매틱 소프트 클로즈Tipmatic Soft-close는 액체 댐퍼가 내장되어 있어 적은 힘으로도 서랍이 부드럽게 열리고 닫히는 것이 장점이다.

대표 제품은 주방용 서랍재인 DWD-XP로, 최대 80kg까지 하중을 지지하는 레일과 부드럽게 열고 닫히는 댐핑 시스템을 갖췄다. 플라스틱 대신 철재, 징크로 제작해 내구성을 더욱 높였다. 제품은 국내 에이전시인 지아르케를 통해 구매할 수 있고, 온라인 매장도 준비 중이다.

주소	서울특별시 서초구 서초대로34가길 18 2층 브라이트하우스
운영시간	평일 10시~18시
연락처	02-2038-4472 / ga201@garche.co.kr
홈페이지	www.grass.at

참고자료

단행본
- 안영배 외 4명 지음. 『건축계획론』. 기문당, 2009.
- 조준현, 조민석. 『건축재료학』. 기문당, 2017.

논문
- 이현상, 김상호, 김수암. 「건식욕실의 적용 및 보급 활성화를 위한 방안연구」. 『대한건축학회 논문집』, 2002. 3. pp.63-70.
- 노윤진. 「건축과 가구의 관계 재설정을 통한 주거공간 설계」. 경기대학교 건축전문대학원 석사학위논문, 2003. 12.
- 강원종. 「공간 활용을 위한 목재 가변가구 연구」. 중앙대학교 대학원 공예학과 목칠공예전공 석사학위논문, 2012. 2.
- 오혜린. 「공동주택 붙박이 가구의 결로 원인 분석 및 결로 방지 대책에 관한 연구」. 이화여자대학교 건축도시시스템공학과 대학원 석사학위논문, 2017. 7.
- 김희완. 「빌트인 시스템(Built-in system) 주방공간의 관한 연구」. 홍익대학교 산업미술 대학원 석사학위논문, 2006. 6.
- 백락규. 「알루미늄을 활용한 가구 디자인에 관한 연구 : 의자를 중심으로」. 홍익대학교 산업미술대학원 석사학위논문, 2000. 12.
- 양재영. 「유리섬유 강화플라스틱을 이용한 조형가구 디자인 연구」. 홍익대학교 산업미술대학원 석사학위논문, 2007. 6.
- 임종우. 「전통가구와 현대가구의 Hardware에 關한 硏究」. 중앙대학교 대학원 석사학위논문, 2001. 6.
- 정기연. 「테이블웨어와 식 공간을 위한 이동식 가구 연구」. 한양대학교 디자인학과 대학원 석사학위논문, 2016. 2.
- 강혜승, 김민수. 「한국 근현대 붙박이 가구의 변천과 현안」. 『한국가구학회지』, 2017. 6. pp.135-144.
- 김상돈. 「한국 맞춤가구산업의 현황과 발전방안 연구」. 조선대학교 대학원 FTA비즈니스학과 석사학위논문, 2016. 2.

웹사이트
- 블룸 www.blum.com
- 에넥스 www.enex.co.kr
- 한샘 www.hanssem.com
- 헤티히 www.hettich.com
- 헤펠레 www.hafele.co.kr
- 현대리바트 www.hyundailivart.co.kr